BALISES

Collection dirigée par Henri Mitterand

# Micromégas
# Zadig

## Voltaire

- **des repères pour situer l'auteur, ses écrits, l'œuvre étudiée**
- **une analyse de l'œuvre sous forme de résumés et de commentaires**
- **une synthèse littéraire thématique**
- **des jugements critiques, des sujets de travaux, une bibliographie**

W0409324

Jeanne Charpentier

Carmen Tercero

# Sommaire



© Éditions Nathan 1995, 9, rue Méchain – 75014 Paris
ISBN 2-09-180777-X

# La vie de Voltaire

## L'ÉLÈVE DES JÉSUITES ET DES LIBERTINS

François-Marie Arouet naît en 1694 dans un milieu bourgeois – son père, ancien notaire, est un homme d'affaires aisé – et janséniste de tradition – son frère deviendra prêtre. Sa mère meurt quand il a sept ans. Profondément marqué par ses maîtres jésuites du collège Louis-le-Grand, qui allient l'humanisme classique à l'esprit chrétien, il a souvent reconnu, non sans malice, devoir à ses maîtres son goût du théâtre, sa vocation poétique, son intérêt pour l'histoire, sa très vaste culture, sa virtuosité rhétorique et même les bases de son déisme.

Au sortir du collège, introduit dans la société libertine du palais du Temple, il fait sienne la philosophie épicurienne de ses protecteurs, fondée sur l'apologie du plaisir et l'idée déiste que la nature est bonne parce qu'un Dieu bon l'a créée.

## LES MÉSAVENTURES ET L'EXIL

Secrétaire d'ambassade à La Haye, il est renvoyé à Paris pour avoir voulu enlever une jolie protestante. Fréquentant la brillante cour de Sceaux où règne la duchesse du Maine, il rime ses premiers contes en vers, *Le Cocuage* et *Le Cadenas* et improvise en guise de divertissement mondain deux contes en prose, *Cosi-Sancta* et *Le Crocheteur borgne*. Ses écrits satiriques sur les amours du Régent le font exiler en 1716. Il récidive et on l'enferme pour onze mois à la Bastille. Sa première tragédie, *Œdipe* (1718), connaît un triomphe. Très « philosophique », elle lie la religion à la politique et le public applaudit un distique anticlérical :

« Les prêtres ne sont pas ce qu'un vain peuple pense,
Notre crédulité fait toute leur science ».

Après ce succès François-Marie adopte le nom de Voltaire, anagramme d'AROVET Le Ieune, acte fondateur d'une existence d'écrivain. La suspicion du pouvoir le contraint à s'éloigner de Paris : on le fête comme poète mondain à Sully, à Vaux, à Richelieu, à La Source. Il voyage en Hollande où il découvre une société commerçante et prospère qui jouit de la liberté de penser et d'imprimer.

Reçu enfin à la cour, il donne trois pièces de théâtre pour le mariage du roi Louis XV. Le voilà tout près d'être le poète officiel qu'il a toujours rêvé de devenir. Mais en 1726, bâtonné par les domestiques du chevalier de Rohan à la suite d'un incident dans la loge de la comédienne Adrienne Lecouvreur, il réclame vainement justice. Une lettre de cachet l'envoie à la Bastille, puis il est exilé en Angleterre dont le régime de liberté l'enthousiasme.

## LA CONSÉCRATION DU POÈTE, DE L'HISTORIEN ET DU PHILOSOPHE

*La Henriade*, épopée sur la fin des guerres de religion, permet à Voltaire d'être consacré comme le grand poète de son temps, alors même qu'il exprime ses préoccupations religieuses et politiques. Revenu à Paris, il apparaît, avec l'éclatant triomphe de *Zaïre* (1732) qui fait pleurer les âmes sensibles, comme le successeur de Corneille et de Racine au moment où débute la grande aventure intellectuelle et sentimentale de sa vie, sa liaison avec Madame du Châtelet.

Enfin achevées, ses *Lettres philosophiques* (1734) offrent le premier manifeste des Lumières. Elles sont condamnées au feu, et lui-même à la Bastille. Il se réfugie alors en Lorraine, à Cirey, dans le château de Madame du Châtelet : provisoirement au calme, il se passionne pour les expériences et la philosophie scientifiques. Un court séjour à Paris lui permet de publier la satire du *Mondain*. Mais sa raillerie provocante du rigorisme chrétien fait scandale et l'oblige à s'exiler quelques mois en Hollande.

De retour à Cirey, Voltaire reprend son travail acharné, publie notamment son *Traité de métaphysique*, les *Éléments de la philosophie de Newton* et adresse au prince Frédéric de Prusse une première version de *Micromégas*. Les premiers chapitres de son *Siècle de Louis XIV* – très attendus après le succès de l'*Histoire de Charles XII*, diffusée clandestinement – sont saisis l'année suivante : il reste suspect depuis l'affaire du *Mondain*.

En 1744 Voltaire est rappelé à Paris par son condisciple le comte d'Argenson, devenu ministre de la Guerre. Protégé par Madame de Pompadour, il triomphe à la cour : historiographe du roi, élu à l'Académie française, il célèbre les fastes du règne. C'est l'époque où sa jeune nièce, Madame Denis, devient sa maîtresse.

## LES DÉCEPTIONS

Mais Louis XV n'aime pas Voltaire. Disgracié pour un mot malheureux, Voltaire transpose dans *Zadig* ses mésaventures de courtisan et se retire en Lorraine, à la cour du roi Stanislas.Les déceptions s'accumulent. Bouleversé par la mort brutale de Madame du Châtelet, intervenue en 1749, Voltaire revient à Paris chez Madame Denis et, comme le fera plus tard Candide, il cherche l'oubli dans le travail.

Depuis longtemps Frédéric II l'invitait à Berlin. Voltaire cède à ses instances : le 25 juin 1750, il quitte Paris où il ne pourra revenir qu'en février 1778. Il est d'abord fêté, croit à la possibilité de voir réalisé le « despotisme éclairé », publie *Le Siècle de Louis XIV*, puis *Micromégas* où s'expriment son scepticisme croissant et son sens de la relativité, et projette d'écrire avec Frédéric II une « encyclopédie de la raison » plus portative et plus militante que l'*Encyclopédie* : c'est l'ébauche du futur *Dictionnaire philosophique*. Mais la faveur royale ne dure guère. Voltaire quitte précipitamment Berlin en mars 1753. Emprisonné à Francfort jusqu'à ce qu'il ait restitué les manuscrits du roi qu'il avait emportés avec lui, Voltaire se réfugie en Alsace et transpose ses mésaventures dans le conte de *Scarmentado* (1756) qui symbolise le dénuement total de l'homme face à son destin.

Il faut bien se mettre à l'abri. Voltaire achète donc la propriété des Délices, à Genève, où il s'installe, mais qu'il quitte chaque hiver pour Lausanne. Sa tranquillité ne dure guère : menacé par les autorités de Genève qui lui reprochent d'avoir monté un théâtre, le philosophe commence à trouver le monde incohérent et la vie absurde. Il le montre dans l'*Essai sur les mœurs*, véritable sottisier universel, qui fait le procès du fanatisme, et dans le *Poème sur le désastre de Lisbonne*. Il inspire à d'Alembert l'article « Genève » de l'*Encyclopédie*, qui suscite la tempête chez les pasteurs genevois. Pour assurer définitivement sa sécurité, Voltaire achète les propriétés de Ferney et de Tourney situées sur la frontière franco-suisse. La révocation du privilège de l'E*ncyclopédie*, au moment où il publie *Candide* (1759), le convainc définitivement que les philosophes doivent mener la lutte loin de Paris.

## FERNEY ET LE COMBAT PHILOSOPHIQUE

Voltaire va passer les dix-huit dernières années de sa vie dans son château de Ferney, recevant fastueusement des visiteurs venus de toute l'Europe, jouant lui-même avec eux la tragédie, et gardant un contact suivi avec des correspondants illustres (d'Alembert, d'Argental, Choiseul, Diderot, Richelieu, Turgot, Frédéric II et Catherine II...). Son horizon s'élargit, il prend parti sur tout. À Ferney il pratique une politique d'investissement rural, fait défricher les landes, introduit la charrue à semoirs, crée une tannerie, un atelier de bas de soie et une fabrique de montres.

En politique intérieure française, c'est lui qui anime le parti des philosophes et lance dès 1759 le mot d'ordre « Écraser l'infâme ». Il apparaît comme le champion de la justice en obtenant après trois ans de lutte acharnée la réhabilitation du protestant Jean Calas, accusé sans preuve du meurtre de son fils et exécuté dans une atmosphère de passion fanatique que stigmatise le *Traité sur la tolérance* (1763). En suscitant de véritables campagnes d'opinion, l'« homme des Calas » essaie de redresser d'autres iniquités.

Dans la bataille philosophique, Voltaire lance des contes : *L'Ingénu* dénonce le règne du bon plaisir et les intrigues des jésuites ; *La Princesse de Babylone* allie la fantaisie et la propagande philosophique ; et un ouvrage de vaste audience, le *Dictionnaire philosophique portatif* (1764), complété de 1770 à 1772 par neuf volumes de *Questions sur l'Encyclopédie*, tend à stimuler la lutte contre toutes formes de tyrannie. Mais ses œuvres préférées sont les dialogues et les pamphlets dont il crible ses principaux adversaires : Rousseau, la Sorbonne, les parlements, les jésuites.

## LE SACRE DE L'ÉCRIVAIN

Le rêve du despotisme éclairé s'effrite : Voltaire est cruellement déçu par le partage de la Pologne entre Frédéric II et Catherine II. En dépit de son âge, il retrouve sa verve pour écrire d'autres contes, *Le Taureau Blanc* (1774), sorte de féerie qui égratigne les superstitions, et l'*Histoire de Jenni* qui réfute l'athéisme. Sa santé décline et sa nièce s'ennuie loin de la capitale. Il songe à regagner Paris quand débute le règne de Louis XVI. Il appuie les premières mesures du ministre Turgot et le soutient dans la « guerre des farines ». Mais Turgot est disgracié et le retour de Voltaire différé.

Plus le temps passe, plus la fringale de Paris gagne Voltaire : il se décide à quitter Ferney le 5 février 1778. Son retour à Paris suscite des manifestations d'enthousiasme populaire qui annoncent le déclin d'une monarchie incapable d'exercer son autorité. Épuisé par une succession de réceptions et par l'ultime triomphe que lui réserve le public lors de la sixième représentation de sa tragédie *Irène*, Voltaire meurt le 30 mai 1778. C'est le défenseur des Calas que le peuple de Paris conduit au Panthéon en 1792.

| VIE ET ŒUVRE DE VOLTAIRE | ÉVÉNEMENTS POLITIQUES, SOCIAUX ET CULTURELS |
|---|---|
| **1694** Naissance de François-Marie Arouet. | |
| | **1695** Bayle, *Dictionnaire*. |
| | **1697** Perrault, *Contes de ma mère l'Oye*. |
| **1704** Études au collège Louis-le-Grand, puis études de droit à Paris. | **1704** Galland, traduction des *Mille et Une Nuits*. |
| | **1710** Leibniz, *Essais de Théodicée*. |
| **1713** Secrétaire d'ambassade à la Haye. Fréquente les milieux aristocratiques à Paris. | **1713** Challe, *Les Illustres françaises*. |
| | **1715** → **1723** La Régence. |
| **1716** Exil dû à des écrits satiriques. Onze mois à la Bastille. | **1716** Mort de Leibniz. |
| **1718** Adoption du nom de Voltaire. *Œdipe*, tragédie. Voyages en Belgique, en Hollande. | |
| | **1721** Montesquieu, *Lettres persanes*. |
| | **1723** Louis XV. Swift, *Voyages de Gulliver*. |
| **1726** Envoyé à la Bastille. Exil en Angleterre. | |
| **1728** *La Henriade*, épopée. | |
| **1731** *Histoire de Charles XII*. | |
| **1732** *Zaïre*, tragédie. | |
| **1733** *Le Temple du goût*. Début de sa liaison avec Madame du Châtelet. | **1733** Pope, *Essai sur l'homme*. → **1735** Guerre de la Succession de Pologne. |
| **1734** *Lettres philosophiques*, condamnées au feu. Exil en Lorraine chez Madame du Châtelet ; initiation à la physique et à la philosophie scientifique. *Traité de métaphysique*. | **1734** Montesquieu, *Considérations sur les causes de la grandeur des Romains et de leur décadence*. |

| VIE ET ŒUVRE DE VOLTAIRE | ÉVÉNEMENTS POLITIQUES, SOCIAUX ET CULTURELS |
|---|---|
| **1736** *Le Mondain.* Exil en Hollande. Rencontre avec la Comtesse de Bentinck. *Épître à Madame du Châtelet sur la philosophie de Newton.* | **1736** Calcul du méridien terrestre par Maupertuis. |
| **1738** *Éléments de la philosophie de Newton.* *Discours sur l'homme* (poèmes philosophiques). Rédaction des premiers chapitres du *Siècle de Louis XIV.* | **1738** Paix de Vienne. |
| **1739** Lecture approfondie de la *Théodicée* de Leibniz. | **1739** Hume, *Traité de la nature.* |
| **1740** Mission diplomatique auprès de Frédéric II. | **1740** Madame du Châtelet, *Institutions de physique.* → **1786** Frédéric II, roi de Prusse. |
| | **1741** Guerre de Succession d'Autriche. |
| **1742** *Mahomet ou le Fanatisme* (pièce interdite). *Mérope.* | |
| **1744** Triomphe à la cour de Louis XV. | **1744** → **1758** Guerre coloniale contre l'Angleterre. |
| **1745** Voltaire historiographe du roi. | **1745** Madame de Pompadour, favorite de Louis XV. |
| **1746** *La Bataille de Fontenoy.* Élu à l'Académie française. | |
| **1747** Exil à Anet. | |
| **1748** *Zadig ou la Destinée.* *Le Monde comme il va.* | **1748** Traité d'Aix-la-Chapelle. Montesquieu, *De l'Esprit des lois.* |
| **1749** *Memnon.* | **1749** Mort de Madame du Châtelet. |
| **1750** → **1753** Invité à Berlin par Frédéric II. Chambellan du roi de Prusse, en concurrence avec Maupertuis. | **1750** → **1755** *Discours* de Rousseau. → **1772** *Encyclopédie.* |
| **1751** *Le Siècle de Louis XIV.* | |

| VIE ET ŒUVRE DE VOLTAIRE | ÉVÉNEMENTS POLITIQUES, SOCIAUX ET CULTURELS |
|---|---|
| **1752** *Micromégas.*<br>*Poème sur la loi naturelle.* | **1752** Début de la Querelle des Bouffons. |
| **1753** Voltaire séquestré à Francfort, puis exilé hors de Paris. | |
| | **1754** Mort du philosophe allemand Wolff.<br>Début de la guerre contre les Anglais au Canada. |
| **1755** Installation dans la propriété « Les Délices » à Genève. | **1755** Tremblement de terre de Lisbonne. |
| **1756** *Poème sur le désastre de Lisbonne.*<br>*Examen de cet axiome : tout est bien.*<br>*L'Histoire des voyages de Scarmentado.*<br>Correspondance avec la duchesse de Saxe-Gotha, puis *Essai sur les mœurs.* | **1756** Début de la guerre de Sept Ans, Frédéric II envahit la Saxe.<br>Rousseau, *Lettre à Voltaire* réfutant le *Poème sur le désastre de Lisbonne* et affirmant que « tout est bien ». |
| | **1757** Article « Genève » dans l'*Encyclopédie*, inspiré à d'Alembert par Voltaire.<br>Attentat de Damiens contre Louis XV.<br>Exécution à Londres de l'amiral Byng.<br>Victoire des Prussiens sur les Français à Rossbach. |
| **1758** Début de la rédaction de *Candide* (janvier).<br>Séjour à Schwetzingen chez l'électeur palatin.<br>Reprise de la rédaction de *Candide* (juillet-août).<br>Retour aux Délices et rupture avec la comtesse de Bentinck (octobre).<br>Fin de la rédaction de *Candide* (décembre). | **1758** D'Alembert abandonne l'*Encyclopédie*.<br>Helvétius, *De l'Esprit*. |
| **1759** Publication de *Candide*, aussitôt critiqué, mais immense succès. | **1759** Révocation du privilège de l'*Encyclopédie*. |
| **1760** *Trancrède.*<br>Installation dans les propriétés de Ferney et Tourney. | |

| VIE ET ŒUVRE DE VOLTAIRE | ÉVÉNEMENTS POLITIQUES, SOCIAUX ET CULTURELS |
|---|---|
| **1762** Condamnation de *Candide*. | **1762** Rousseau, *Du Contrat social*, *Émile*, *Lettres à Monsieur de Malesherbes*.<br>Partage de la Pologne entre Frédéric II et Catherine II. |
| **1763** *Traité sur la tolérance*. | **1763** Traité de Paris.<br>Expulsion des Jésuites. |
| **1764** *Dictionnaire philosophique portatif.*<br>*Contes de Guillaume Vadé.* | |
| | **1765** Réhabilitation de Calas. |
| **1767** *L'Ingénu* ; *La Princesse de Babylone.*<br>*Les Guèbres*, tragédie. | |
| | **1769** Diderot, *Le Rêve de d'Alembert.* |
| **1770** → **1772** Neuf volumes de *Questions sur l'Encyclopédie.*<br>Dialogues et pamphlets. | |
| | **1772** Diderot, *Ceci n'est pas un conte.*<br>Cazotte, *Le Diable amoureux.* |
| **1774** *Le Taureau blanc.* | **1774** (10 mai) Avènement de Louis XVI.<br>→ **1778** Turgot, puis Necker (1776), ministres de Louis XVI. |
| | **1776** Indépendance des États-Unis. |
| **1778** Retour triomphal à Paris.<br>*Irène*, tragédie.<br>Voltaire meurt le 30 mai. | |
| | **1783** Traité de Versailles. |
| **1792** Inhumation au Panthéon. | |

# L'œuvre de Voltaire

## LE POUVOIR DU LIVRE SUR L'OPINION PUBLIQUE

*Les Lettres philosophiques* (1734) permettent de découvrir la puissance du livre comme arme au service de la liberté contre l'intolérance, l'obscurantisme et le pouvoir absolu. Au plaisir de la rencontre d'un pays étranger – l'ouvrage relate l'ensemble des impressions que Voltaire a rapportées d'Angleterre – s'allie le charme d'une candeur sympathique attirant le lecteur vers une expérience apparemment naïve. L'écrivain maîtrise déjà tout l'arsenal des procédés du conteur et du polémiste : religion, politique, économie, philosophie, science et littérature sont abordées, avec humour, ironie ou dérision, dans une œuvre de propagande qui, bien avant Saint-Just, propose le bonheur comme une idée neuve. L'ouvrage va s'imposer comme un texte majeur de la philosophie des Lumières et constituer une machine de guerre où Voltaire puisera des armes au cours de toutes ses luttes ultérieures.

## LA NAISSANCE D'UNE HISTOIRE SCIENTIFIQUE, UNIVERSELLE ET PHILOSOPHIQUE

Passionné par le présent, mais convaincu qu'il faut méditer les leçons du passé, Voltaire s'intéresse successivement à l'histoire d'un roi (*Histoire de Charles XII*, 1731), à l'histoire d'une nation (*Le Siècle de Louis XIV*, 1751), puis à celle du monde (*Essai sur les mœurs*, 1756) et complète son œuvre en 1765 par *La Philosophie de l'histoire*. Ses ouvrages sont inspirés par une curiosité universelle, le souci de la vérité et la volonté de restituer l'atmosphère d'une époque. De sa conception que l'histoire est avant tout l'aventure de l'esprit humain découle un transfert de l'histoire des rois à celle des hommes et des nations, la recherche de synthèses originales, le sentiment de la diversité des sociétés, la volonté d'espérer liée à une philosophie militante qui cherche la signification des événements dans le progrès lent et discontinu de la raison humaine.

REPÈRES

## LES GRANDS GENRES LITTÉRAIRES

Convaincu par son goût classique que la pensée ne s'exprime bien que dans le cadre des grands genres littéraires, Voltaire s'attache à triompher dans l'épopée (dès 1728 avec *La Henriade*) et dans la tragédie (après le succès de *Zaïre*, en 1732, il est salué comme le continuateur de Racine). Il demande à la poésie d'exprimer les vérités du philosophe, réduit l'épître ou la satire à devenir les instruments de la raison et en donne des modèles avec son *Épître à Madame du Châtelet sur la philosophie de Newton*, *Le Mondain* (1736) les *Discours en vers sur l'homme* (1738-1743) ou le *Poème sur le désastre de Lisbonne* (1756).

## L'INVENTION DU CONTE PHILOSOPHIQUE

Les désillusions et les déboires qu'il éprouve entre 1745 et 1760 amènent Voltaire à introduire une large part de confidences dans un nouveau cadre. La formule du conte philosophique est née et s'affirme progressivement avec *Zadig ou la Destinée* (1748), *Micromégas* (1752), *Candide ou l'Optimisme* (1759), *L'Ingénu* (1767). Les héros de ces récits reflètent la personnalité et les réactions de Voltaire, qui se distancie pourtant d'eux par une ironie les empêchant d'apparaître comme des personnes authentiques. Limités à un comportement, de tels personnages se forment à mesure que le monde se dévoile à leur conscience, et cet apprentissage dont il est le témoin conduit le lecteur à prendre conscience de ce qu'il n'avait pas été habitué à voir. Avec le conte philosophique, Voltaire invente un genre suffisament fantaisiste pour plaire, suffisamment ironique pour aiguiser le sens critique, suffisamment crédible pour entraîner l'adhésion.

## LES ŒUVRES PHILOSOPHIQUES DE COMBAT

Durant les vingt-cinq dernières années de sa vie, sa gloire confère à Voltaire une influence sur les milieux intellectuels et l'opinion publique européens. Son engagement croissant se traduit par des œuvres véhémentes et militantes. Le *Traité sur la tolérance* (1763) – né de la conviction profonde du

REPÈRES

philosophe que le protestant Calas avait été victime du fanatisme religieux – démontre que l'intolérance ne relève pas du droit naturel. Le *Dictionnaire philosophique portatif* (1764) insiste sur les ravages du fanatisme et de la guerre, souligne la contradiction fondamentale entre les dogmes et les Évangiles, mais refuse l'athéisme et propose une religion naturelle fondée sur l'adoration de l'Être suprême et la morale du bien.

## UNE ARME DE GUERRE, LE PAMPHLET

L'arme privilégiée de Voltaire à Ferney, c'est le pamphlet écrit au pied levé, ou fusée volante, inséparable de la pensée d'un homme en perpétuelle alerte et qui recherche le combat. Couvert sous une multitude de déguisements ou de pseudonymes transparents pour les lecteurs avisés, Voltaire multiplie les libelles. Sa verve, comique, innocente et féroce s'y exprime sans entrave. Relations, facéties monologuées, édits, lettres supposées, mémoires, sermons ou discours se succèdent, mais la bataille est perdue d'avance pour ses ennemis.

## UN TÉMOIGNAGE DE VOLTAIRE SUR LUI-MÊME : LA *CORRESPONDANCE*

De 1705 à 1778, Voltaire a adressé plus de vingt mille lettres à près de deux mille destinataires, en tête desquels viennent ses amis d'Argental, Damilaville, Thiériot, d'Alembert et Frédéric II. Il correspond régulièrement avec de grands personnages comme Catherine II, la duchesse de Saxe-Gotha, d'Argenson et Turgot. Il discute avec Diderot, Helvétius ou Condorcet, échange des propos mélancoliques avec Madame du Deffand ou Madame d'Épinay. Instrument de sa lutte philosophique et chronique du rôle de chef d'orchestre qu'y joue Voltaire, cette *Correspondance* constitue le meilleur des témoignages sur la vie et la spontanéité de l'homme.

# Sommaire de *Micromégas*

Haut de trente-deux kilomètres, Micromégas est un géant originaire d'une planète de l'étoile Sirius. Un livre d'une grande audace philosophique l'a fait bannir pour huit cents ans de sa planète. Voyageant à travers les espaces intersidéraux grâce à l'attraction universelle, il arrive sur Saturne où il se lie d'amitié avec le secrétaire de l'Académie de Saturne, un « nain » haut de deux kilomètres (chap. 1). Ils dialoguent sur la durée de leurs existences et sur l'infinie variété mise dans le monde par le Créateur, puis décident d'effectuer un « petit voyage philosophique » (chap. 2) qui, après une séparation déchirante entre le Saturnien et sa maîtresse, les mène sur le bord de la mer Baltique (chap. 3). Avec un diamant de son collier, Micromégas improvise un microscope. Ils aperçoivent alors une baleine, puis un vaisseau ramenant du cercle polaire une « volée de philosophes » (chap. 4) et observent ces « animalcules » (chap. 5) qu'ils prennent d'abord pour des insectes. Grâce à un cornet acoustique, ils engagent la conversation avec les philosophes (chap. 6). Micromégas admire leurs découvertes scientifiques et se demande s'il n'a pas découvert enfin sur la terre le « vrai bonheur ». Les philosophes le détrompent : les hommes sont possédés d'une folie meurtrière ; certes, quelques savants brillent par leur génie et leurs connaissances, mais ils déraisonnent dès qu'on parle de métaphysique. Micromégas, avant de quitter la terre, offre aux philosophes un livre censé dévoiler la vérité : quand on l'ouvre à l'Académie des Sciences de Paris, on y découvre seulement des pages blanches (chap. 7).

# Résumés et commentaires

## CHAPITRE PREMIER

### « Voyage d'un habitant du monde de l'étoile Sirius dans la planète de Saturne »

**RÉSUMÉ**

Haut de trente-deux kilomètres, Micromégas habite une planète de l'étoile Sirius. Il se fait remarquer lors de ses études chez les jésuites en réinventant tout seul la géométrie. Ses recherches au microscope le conduisent à écrire, sur la substance des puces, un livre aussitôt jugé hérétique par le clergé. Banni de sa planète, il voyage avec aisance d'étoile en étoile en utilisant la gravitation et l'attraction universelles. Son arrivée sur Saturne lui fait découvrir avec une bonhomie tolérante la petitesse de la planète et de ses habitants, hauts de deux kilomètres seulement. Il se lie bientôt d'amitié avec le secrétaire de l'Académie de Saturne.

**COMMENTAIRE**

**L'univers du conte**

D'emblée, Voltaire installe dans l'univers d'une **fiction philosophique** le lecteur **dépaysé** par le titre du chapitre et par les noms propres relevant d'un autre monde. Le lieu du conte – le cosmos – entraîne un jeu déroutant de proportions et de disproportions, tandis que les indications temporelles, présentées dès le début par une formule traditionnelle du conte (« il y avait un jeune homme... ») et plaisamment confirmées par le témoignage du narrateur à la première personne, brouillent les pistes.

Les **éléments constitutifs** du conte sont réunis sur la planète de Sirius : on y rencontre un muphti, la transgression d'un interdit, le rôle des femmes, un procès, l'exil, autant de constantes du récit merveilleux que l'on retrouve dans *Zadig* et dans *Candide*. Sur ce schéma l'écrivain broche des variations ironiques : le jeune géant découvre dix-huit propositions de plus que Pascal, son procès dure deux cent vingt ans et il se moque des Saturniens « comme un musicien italien se met à rire de la musique de Lulli quand il vient en France ».

À travers le ciel, Micromégas progresse en tournant sur lui-même et en tirant parti de la gravitation et de l'attraction. Cet illustre **élève de Newton** abolit la pesanteur et annule les distances. Mais **Voltaire n'est pas un auteur de science-fiction** : il ne faut pas attendre de lui la rigueur scientifique et technique dont fera preuve Jules Verne. Micromégas et son équipage vont « de globe en globe [...] comme un oiseau voltige de branche en branche » et utilisent au gré de leur fantaisie un rayon de soleil ou la queue d'une comète.

Proscrivant tout sérieux dans un chiffrage qui raille les calculs de proportions effectués par des savants comme Wolff, un disciple de Leibniz, Voltaire donne une hauteur de trente-deux kilomètres à Micromégas, mais n'accorde que deux kilomètres à son ami rencontré sur Saturne, comme si la taille des extraterrestres devait correspondre aux dimensions de leur planète. Dans le pays des géants de Sirius, il existe des collèges de jésuites et une cour aussi « remplie de tracasseries et de petitesses » que celle de Versailles. Quant à Saturne, on y découvre une Académie des Sciences. La **parodie** et les rapprochements entre la lointaine planète et la terre allègent la science sidérale, stimulent la verve de Voltaire et offrent une arme à la **satire**.

### Conte ou autobiographie ?

À mesure que se déploie la fiction romanesque, le portrait de Micromégas, d'un anthropomorphisme parfait, **ressemble de plus en plus à celui de Voltaire**. Le géant allie l'esprit à la culture et rédige « un livre fort curieux qui lui [fait] quelques affaires » avec la censure, comme Voltaire pour ses *Lettres philosophiques* (1734) ou sa satire du *Mondain* (1736). Comme Voltaire, Micromégas a fréquenté un collège de jésuites et connaît des démêlés avec la hiérarchie religieuse (« le muphti de son pays, grand vétillard et fort ignorant »). Comme Voltaire en 1726, 1734 et 1736, Micromégas est banni de la cour et voyage, non pas en Europe – même s'il atterrit au bord de la Baltique – mais à travers l'univers. Enfin, quand Voltaire dote son héros d'un défaut évident (« il ne put se défendre de ce sourire de supériorité qui échappe quelquefois aux plus sages »), n'est-ce pas un clin d'œil que l'écrivain s'adresse à lui-même ?

### L'ébauche d'une philosophie critique

Fasciné par les données scientifiques du conte, Voltaire fait ressortir **tous les aspects de la relativité**. Il constate « les prodigieuses différences que la nature a mises dans tous les êtres », compare les petites principautés d'Allemagne à l'empire de la Chine, et fait découvrir à Micromégas, lors de son arrivée sur Saturne, les dimensions d'un autre univers dont les habitants sont des nains pour un géant de Sirius. **Cosmopolite** au sens propre du terme, le héros du conte voyage « pour achever de se former l'esprit et le cœur ». Sa découverte de la relativité culturelle le conduit tout naturellement à la **tolérance** envers les Saturniens et à l'amitié avec l'un de leurs savants.

Dès le premier chapitre du conte apparaissent les **cibles traditionnelles de Voltaire** : l'obscurantisme du clergé dont toute la science se résume dans une hantise obsessionnelle de l'hérésie, les jésuites qui monopolisent l'éducation, le pouvoir judiciaire qui tranche en toute ignorance de cause. Micromégas souligne l'insignifiance et les « petitesses » de l'entourage royal. Son bref et sévère jugement sur la cour de sa planète annonce la satire de Versailles qui sera menée tout au long de *Zadig*.

# CHAPITRE SECOND
## « Conversation de l'habitant de Sirius avec celui de Saturne »

**RÉSUMÉ**

Après avoir ironisé contre l'emploi de métaphores galantes dans le raisonnement philosophique, Micromégas lance une conversation sérieuse avec le Saturnien sur une comparaison quantitative des sens existant sur leurs planètes respectives, puis sur la durée relative de leurs existences et enfin sur les propriétés de la matière. Passant de la physique à la métaphysique, ils s'égarent en disputant sur le nombre des « substances », mais renoncent bientôt à ce problème insoluble et décident d'entreprendre ensemble un « petit voyage philosophique ».

**COMMENTAIRE**

### « Je veux qu'on m'instruise »

Le **rationalisme** de Voltaire, résolument **antipoétique**, le conduit à refuser l'emploi de comparaisons frivoles dans une argumentation. Comparer, c'est pour lui introduire l'inexactitude ou l'obscurité dans un raisonnement que l'on désire éclairer. On comprend donc l'irritation de l'écrivain contre le bel esprit de Fontenelle et les grâces surannées des métaphores filées dans les *Entretiens sur la pluralité des mondes* (1686). Au désir de plaire avancé par le secrétaire de l'Académie de Saturne, qui pastiche Fontenelle en comparant la nature à « une assemblée de blondes et de brunes », Micromégas répond rudement : « Je ne veux point qu'on me plaise [...], je veux qu'on m'instruise ». Une correction tardive de Voltaire accentue la critique contre Fontenelle tout en précisant les circonstances qui peuvent justifier l'emploi de l'esprit dans un conte : « N'ayez de l'esprit que pour m'instruire ».

### Le relativisme moral

Nourri par la pensée de Locke, Micromégas est habité d'un « **désir vague** », d'une « **inquiétude** » l'avertissant « qu'il y a des êtres beaucoup plus parfaits ». Ce **sentiment d'un manque** constitue pour Locke le fondement de toute action. Voltaire souhaite surtout faire ressortir que tout être aspire à augmenter ses moyens, même quand il est doué de mille sens comme Micromégas. La **sagesse** consiste donc à se contenter de sa nature sans rêver de l'impossible. Le relativisme physique débouche sur la construction d'un **relativisme moral**, condition préalable du bonheur sur la terre.

Une autre leçon de sagesse morale découle du dialogue sur la durée relative des existences. La tendance à refuser de disparaître un jour, commune à tous les êtres vivants, doit être corrigée par le constat qu'**une vie**, si longue soit-elle, **n'est rien par rapport à l'éternité**. Des plaintes formulées par le Saturnien (« Notre vie est un point, notre durée un instant »), Micromégas tire une pensée consolatrice : quand le moment de mourir se présente, « avoir vécu une éternité ou avoir vécu un jour, c'est précisément la même chose ».

### La notion de métamorphose

Un rapprochement entre le point de vue prêté à Micromégas et la pensée de Montaigne permet d'observer que Montaigne développe une sagesse stoïcienne, alors que le géant de Sirius se réfère à la nécessité de « rendre son corps aux éléments » et de « ranimer la nature sous une autre forme ». Cette notion de « métamorphose », empruntée par Voltaire à Leibniz, va être méditée par les biologistes du XVIIIe siècle et constituer chez Diderot, dans *Le Rêve de d'Alembert*, un des fondements de ce matérialisme athée que Voltaire combat de plus en plus rudement dans la dernière partie de son existence (notamment dans un conte militant, *L'Histoire de Jenni ou le Sage et l'Athée*).

### La condamnation de la métaphysique

La dernière partie du dialogue accentue encore le caractère voltairien des conceptions prêtées aux deux géants. Quand la conversation aborde les certitudes des physiciens concernant les propriétés de la matière et leur extension possible à l'infini, on y retrouve le résultat des méditations de Voltaire à Cirey sur la **physique et les progrès de cette science**, tels que les constatent les *Éléments de la philosophie de Newton*. Quand les deux géants abandonnent la physique pour la métaphysique, Voltaire les laisse s'ébattre et s'enferrer dans des considérations oiseuses sur des problèmes insolubles. Les nécessités du conte leur offrent une échappatoire : partir pour « un petit voyage philosophique » qui leur permettra de retrouver la réalité des faits. La réflexion sur la relativité universelle aboutit ainsi à une **condamnation de la métaphysique** et à une **critique de la connaissance**.

## CHAPITRE TROISIÈME
## « Voyage des deux habitants de Sirius et de Saturne »

### RÉSUMÉ

Alors que Micromégas s'apprête à partir, il subit une scène de la part de sa maîtresse qui se déclare inconsolable, mais qui se console dès son départ. Les deux voyageurs vont de lune en lune, étudient durant un an les secrets de Jupiter, découvrent deux satellites de Mars et mettent pied sur la terre au bord de la Baltique, le 5 juillet 1737.

### COMMENTAIRE

**Romanesque et libertinage**

Soucieux de varier son récit et de délasser un public plus habitué aux romans qu'à la philosophie, Voltaire introduit un **épisode romanesque conventionnel** (la maîtresse délaissée) **et le traite de façon parodique** grâce au gigantisme sidéral : la « jolie petite brune » qui vient en larmes « faire ses remontrances » au nain de Saturne lui rappelle qu'elle lui a résisté quinze cents ans et qu'elle a passé à peine cent ans entre ses bras. Le lecteur sensible se satisfait des larmes versées par les deux amants (y compris le prétendu nain, « tout philosophe qu'il était » note malicieusement Voltaire) et de l'évanouissement de l'amante délaissée. Mais on sombre vite dans le **roman comique** avec la **versatilité de l'héroïne** qui se console à la première occasion : le XVIII^e^ siècle est un siècle de libertinage.

## CHAPITRE QUATRIÈME
## « Ce qui leur arrive sur le globe de la terre »

### RÉSUMÉ

Parcourant à pied la terre en une journée et demie, les deux voyageurs ne voient aucun habitant et discutent sur la possibilité qu'y existent des êtres vivants. Micromégas ayant cassé son collier, un des diamants transformé en microscope permet au Saturnien d'apercevoir une baleine, puis le vaisseau emprunté par une « volée de philosophes » revenant du cercle polaire.

### COMMENTAIRE

**Une critique de la connaissance**

Voltaire revient sur l'idée fondamentale du conte, la **relativité de toute grandeur**. Si chaque pas du Sirien représente trente mille pieds, les enjambées du Saturnien sont douze fois moins longues. Les deux géants considèrent la Méditerranée comme une « mare » presque invisible, l'Atlantique comme un « petit étang » et la terre comme une « taupinière ».

Toutes nos connaissances proviennent de nos sensations. Or **l'imperfection de nos sens nous empêche de percevoir la totalité du réel**, dont nous n'avons qu'une appréhension incomplète. Quand le Saturnien décide qu'il n'y a pas d'habitants sur la terre simplement parce qu'il n'en a pas vu, Micromégas lui fait sentir la faiblesse de son raisonnement par un exemple concret : « Vous ne voyez pas avec vos petits yeux certaines étoiles de la cinquantième grandeur que j'aperçois très distinctement ; concluez-vous de là que ces étoiles n'existent pas ? ». Aussi doit-on recourir à un instrument qui multiplie la puissance de la vue, un microscope improvisé.

Le Saturnien offre un nouvel exemple d'une précipitation qui le conduit à des **généralisations abusives** : il découvre une baleine et en conclut hâtivement que la terre est habitée seulement par des baleines.

### L'âme des animaux

Sombrant dans l'attitude humaine qui consiste à prendre l'expérience comme fondement d'une rêverie métaphysique, le Saturnien s'inquiète de savoir si la baleine a des idées, une volonté et une liberté. En un temps où le problème de l'âme des bêtes, posé par la théorie cartésienne des animaux machines, est devenu d'actualité, Voltaire fait attaquer le christianisme par la conjecture finale de Micromégas : quand le géant soutient l'impossibilité pour une âme de se loger dans un corps aussi petit que celui d'une baleine, il s'en prend au dogme chrétien n'accordant d'âme qu'aux humains.

### Finalisme et positivisme

Les deux géants s'accordent pour constater l'unité et la variété de la nature. Il est absurde de juger que les choses sont mal faites parce qu'elles ne répondent pas aux exigences de l'esprit humain. Le nain de Saturne critique les pics acérés des montagnes parce qu'ils lui ont écorché les pieds, les ruisseaux parce qu'ils n'ont pas un cours rectiligne et les « étangs » parce qu'ils ne répondent à aucune forme géométrique régulière. En revanche Micromégas, comme Voltaire, se refuse à rejeter l'hypothèse d'une finalité universelle, raisonnable car elle interdit les conclusions expéditives. Il s'agit pourtant d'une spéculation idéologique inutile, et le conte invite à revenir aux faits constatés de façon positive.

### La fantaisie

Tout est prétexte pour Voltaire à donner libre cours à une fantaisie extravagante. Grands personnages, les deux géants ont emmené avec eux une suite importante ; tous ces voyageurs déjeunent « de deux montagnes » et les font apprêter « assez proprement » : les références au quotidien accentuent encore l'invraisemblance de l'**invention cocasse**.

L'anthropocentrisme conduit, s'agissant de voyageurs cosmiques, à des **assimilations bouffonnes** (« on va bien plus à son aise quand on tourne sur son axe que quand on marche sur ses pieds ») ou à des situations plaisantes (le Saturnien n'a jamais de l'eau qu'à mi-jambe quand il traverse l'Océan). Son expérience quotidienne inspire à l'écrivain des **comparaisons familières et expressives** : le nain de Saturne, suivant en haletant le Sirien, évoque pour lui « un très petit chien de manchon » derrière « un capitaine des gardes du roi de Prusse ». Enfin, l'intrusion de l'auteur, jointe à l'emploi de formules toutes faites, contribue par l'exploitation comique du voyage imaginaire à la dérision de l'orgueil humain : les deux géants n'éprouvent aucune « sensation qui pût leur faire soupçonner que nous et nos confrères les autres habitants de ce globe avons l'honneur d'exister ».

## CHAPITRE CINQUIÈME
## « Expériences et raisonnements des deux voyageurs »

### RÉSUMÉ

Micromégas saisit délicatement le vaisseau entre deux doigts et le place sur son ongle. Se croyant échoués sur un rocher, les matelots jettent par dessus bord les tonneaux de vin et les géomètres emportent leurs instruments de calcul et les Lapones qu'ils ramenaient du pôle. Micromégas sent par un picotement de son index la présence de ces êtres qu'il ne peut apercevoir, ce qui, d'après l'auteur, offre aux hommes une leçon de relativité et de modestie. En perfectionnant son microscope, le géant de Sirius découvre bientôt les « petites machines » que sont les hommes et discerne leurs mouvements. Le Saturnien, trop imaginatif, croit qu'ils travaillent à la propagation de leur espèce.

### COMMENTAIRE

**La rencontre de la pensée et de l'art**

L'art du conteur apparaît d'abord dans un **récit réaliste**, où le narrateur accumule les **détails précis et pittoresques**. Ainsi, l'échouage du bateau conduit chacun à préserver ce qui l'intéresse : les matelots se préoccupent du vin tandis que les géomètres sauvent leurs instruments et les filles lapones.

Ces détails échappent à Micromégas tant que son microscope n'est pas assez finement réglé : le picotement dû au bâton ferré qu'on lui enfonce dans le doigt l'amène à conclure qu'il est sorti quelque chose du « petit animal », c'est-à-dire du vaisseau déposé dans le creux de sa main.

**Constamment présent dans le récit, le narrateur** ne se laisse pas oublier, usant systématiquement de la première personne du singulier (« je ne prétends pas, je suis obligé, je ne doute pas, je l'avertis, je viens de parler »), prenant à témoin son public (« Figurez-moi, concevez, je vous prie ») avec lequel il se confond par l'usage de la première personne du pluriel (« nous ne faisons pas ; des organes en proportion des nôtres »). Cette voix de l'auteur contribue à rabaisser la vanité humaine en s'appuyant sur une comparaison concrète avec le pou, qui fait ressortir l'infinie petitesse des hommes. Elle annonce le réquisitoire contre la guerre prononcé au chapitre 7 et permet d'ironiser plaisamment sur la taille et les bonnets à poils gigantesques – mais ridicules au regard de la relativité – des grenadiers de Frédéric II.

## CHAPITRE SIXIÈME
## « Ce qui leur arrive avec des hommes »

### RÉSUMÉ

Micromégas constate la méprise de son compagnon et découvre au microscope, sans pouvoir les entendre, que les « atomes » se parlent. À l'aide d'une rognure d'ongle, il fabrique une trompette parlante qui lui sert à la fois de cornet acoustique et de porte-voix. En quelques heures, il parvient à distinguer les paroles des hommes et à comprendre le français. Puis le géant s'adresse aux hommes, mais la force de sa voix provoque leur crainte. Le Saturnien le relaie, d'une voix plus douce, expliquant le voyage des deux extraterrestres et prodiguant les questions. Un des philosophes, plus hardi que les autres, braque un instrument topographique sur le « nain » et calcule sa taille.

D'où la stupeur du Saturnien : « Quoi ! cet atome m'a mesuré ». De la précision scientifique manifestée par ces infiniment petits, Micromégas tire une nouvelle leçon de relativisme. Un des philosophes lui répond, à partir des découvertes scientifiques les plus récentes de Swammerdam et de Réaumur, qu'« il y a des animaux qui sont pour les abeilles ce que les abeilles sont pour l'homme ». Peu à peu la conversation s'anime.

## COMMENTAIRE

### La méthode des essais et des erreurs

Les deux géants conquièrent progressivement leurs certitudes en accumulant **les essais et les erreurs**. Au chapitre 4, le nain de Saturne décide péremptoirement que la terre n'est pas habitée, puis, enchanté d'avoir découvert une baleine au prix d'une observation plus fine, en déduit que la terre est habitée seulement par des baleines. Quand ils découvrent de véritables hommes au chapitre 5, Micromégas et son compagnon accumulent tâtonnements et méprises : le Saturnien, « passant d'un excès de défiance à un excès de crédulité », croit même apercevoir qu'ils « travaillent à la reproduction de leur espèce ».

Recourant à l'expérience, Micromégas, « bien meilleur observateur que son nain », découvre que les « atomes » se parlent. Une nouvelle erreur conduit le Saturnien à refuser d'admettre qu'une âme puisse exister chez des êtres invisibles à l'œil nu. Les objections du Sirien le ramènent à une méthode plus rigoureuse (« il faut tâcher d'examiner ces insectes, nous raisonnerons après ») qui conduit les deux géants à une véritable connaissance de l'homme, née d'une série d'expérimentations habiles. « Image même de la conscience philosophique recourant constamment à l'expérience pour y distinguer le vrai d'avec le faux » (Jacques Van den Heuvel), Micromégas incarne une méthode génétique qui accède lentement à la vérité par une **suite d'approximations successives**. Cet empirisme est celui de Locke, auquel Voltaire rend hommage dès 1734 dans ses *Lettres philosophiques* (lettre 13).

## Trois comportements absurdes

Quand Micromégas, convaincu qu'il existe entre les êtres vivants un moyen de communication universel, s'adresse aux hommes dans un discours qui tient de la profession de foi déiste, de l'éloge enthousiaste de la recherche scientifique, de la satire des cours royales et de l'allocution – inattendue – de bienvenue, les réactions des destinataires sont présentées selon un triptyque éminemment voltairien : « l'aumônier du vaisseau récita les prières des exorcismes, les matelots jurèrent et les philosophes firent un système ». L'écrivain veut montrer **l'absurdité de ces trois comportements**, qui ignorent l'action et se paient de mots inutiles. Si l'on met à part les matelots, dont l'ignorance excuse la conduite, restent face à face les prêtres, obsédés par le diable et parlant de sorcellerie dès qu'un phénomène les surprend, et les métaphysiciens, incapables de répondre à l'inconnu par autre chose que de vaines théories. À ces attitudes dérisoires l'écrivain va opposer la science en donnant la parole à un géomètre qui, au lieu de parler, agit rigoureusement et efficacement. Convaincu que seules les lois scientifiques ont une valeur universelle, **Voltaire associe sa conception relativiste de la connaissance à sa foi dans la raison**.

## Intelligence et relativité

Micromégas, stupéfait de voir ses interlocuteurs le mesurer aussi exactement par un calcul trigonométrique, tire de cette exaltante compétence scientifique une leçon d'esprit critique. Le géant la met aussitôt en application puisqu'il qualifie de « substances » ces hommes qu'il traitait auparavant d'« insectes invisibles ». L'idée de la **relativité universelle** en découle. Micromégas prend conscience d'une sorte de **chaîne infinie des êtres** – reprenant l'idée des deux infinis qui projetait Pascal vers l'immensité divine – et conjecture que des êtres encore plus petits peuvent surpasser par l'intelligence « ces superbes animaux » qu'il a entrevus dans son grisant parcours à travers l'espace.

L'intelligence humaine – dont Micromégas crédite l'Être éternel – apparaît dans les confirmations que le philosophe apporte au gigantesque voyageur. Ce philosophe construit son raisonnement, comme l'avait fait Micromégas, à partir d'une méthode scientifique rigoureuse fondée sur l'expérience (« Swammerdam a découvert, Réaumur a disséqué »). Même dans une infime espèce vivante existent des possibilités étonnantes : les atomes peuvent être eux aussi des « atomes intelligents ». **Ébloui par les capacités intellectuelles des hommes,** Micromégas commence à trouver la conversation intéressante : il n'y a d'échange utile qu'entre gens de qualité intellectuelle égale.

## CHAPITRE SEPTIÈME
## « Conversation avec les hommes »

**RÉSUMÉ**

Saisi d'admiration devant l'intelligence des philosophes, Micromégas leur demande si leur terre ne serait pas, enfin, le lieu du bonheur. Tous se récrient : les philosophes sont mal considérés et le reste des habitants se partage entre la folie, la méchanceté et le malheur : on le voit par l'omniprésence de la guerre, dont la responsabilité incombe aux princes. Le géant se fait expliquer les ressources offertes par l'observation et par la science mathématique qui permettent des découvertes incontestables.

Les philosophes cessent pourtant d'être d'accord quand on leur parle de métaphysique. Aux vaines spéculations des admirateurs d'Aristote, de Descartes, de Malebranche ou de Leibniz s'oppose la sagesse d'un disciple de Locke : son empirisme débouche sur un agnosticisme qui n'exclut pas l'explication du monde par la puissance divine. Quand un théologien prétend expliquer l'univers par l'anthropocentrisme de saint Thomas, les deux géants éclatent d'un rire homérique. Micromégas promet à ses interlocuteurs de leur rédiger « un beau livre de philosophie » où « ils verraient le bout des choses ». Quand ce livre est ouvert à Paris par le secrétaire de l'Académie des Sciences, ce dernier n'y découvre que des pages blanches, ce qui ne le surprend nullement.

### La voix du narrateur

Le narrateur n'incarne aucun personnage et, à la dernière ligne du chapitre 6, donne la parole à Micromégas en trois mots brefs (« Micromégas parla ainsi »), ce qui confère à la fiction l'**apparence d'une réalité objective et gomme l'invraisemblance** d'un dialogue entre des êtres aussi différents que les géants et les hommes. Inclus dans la narration et utilisé pour rapporter la réponse d'un des philosophes, le **discours rapporté indirect** donne à Voltaire l'occasion d'intervenir et de donner un éclairage personnel. Même dans le dialogue, lorsque l'auteur cède la parole à ses personnages, c'est encore lui qui parle, ou plus exactement qui leur prête les formules peu vraisemblables par lesquelles ils se ridiculisent eux-mêmes. Quand le « vieux péripatéticien » cite Aristote en grec, il se justifie en soutenant la nécessité de « citer ce qu'on ne comprend pas du tout dans la langue qu'on entend le moins ».

### La dénonciation de la guerre

À l'optimisme déclaré du géant de Sirius découvrant que les hommes, cette infime espèce vivante, sont des « atomes intelligents » aux possibilités éblouissantes, s'oppose la **vision pessimiste des philosophes**. Porte-parole de ses collègues, l'un d'eux souligne l'omniprésence du mal et illustre sa réflexion par l'existence de la guerre. Son constat part de l'actualité : le conflit entre les Russes et les Turcs dure depuis 1736 (alors que le conte se déroule en juillet 1737 et ne s'achèvera qu'en 1739 par le traité de Belgrade).

La **description des atrocités** commises durant la guerre de Crimée annonce la peinture dans *Candide* de la bataille entre les Abares et les Bulgares. Son réalisme souligne l'automatisme sanguinaire des soldats qui « tuent », « sont massacrés », « s'égorgent ». La présentation de la guerre comme universelle dans le temps et dans l'espace suscite l'indignation de Micromégas, prêt à écraser « cette fourmilière d'assassins ridicules ».

Voltaire dénonce aussi le caractère dérisoire des causes de la guerre, que fait ressortir la relativité : « Il s'agit de quelques arpents de terre grands comme votre talon ». Loin de se borner à souligner l'absurdité du fléau, **il en désigne hardiment les vrais responsables :** les souverains qui, du fond de leur cabinet, ordonnent dans le temps de leur digestion le massacre d'un million d'hommes ». Quant aux *Te Deum* que font chanter les monarques pour remercier Dieu de son intervention dans les guerres entre les hommes, ils constituent un de ces scandales que Voltaire a dénoncés avec le plus de vigueur, des *Lettres philosophiques* à l'article « Guerre » du *Dictionnaire philosophique*.

Dérisoire dans ses finalités, scandaleuse par l'inconscience criminelle de ses responsables et horrible dans son déroulement, **la guerre représente le mal sur la terre**.

### La cacophonie bouffonne de la métaphysique

Admirablement instruits des rapports mathématiques entre les phénomènes, les interlocuteurs de Micromégas sont des **savants éminents** qui aboutissent à des certitudes quand ils dissèquent, mesurent ou calculent. S'il leur reste encore de nombreuses découvertes à effectuer, ils obtiennent progressivement des résultats incontestables, au point que le nain de Saturne est tenté de les « prendre pour des sorciers ».

Mais leur chœur harmonieux tourne à la cacophonie dès que Micromégas les interroge sur la **nature de l'âme**. Leurs contradictions montrent que la métaphysique n'aboutit qu'à susciter d'inutiles discordes. Les six savants réunis (c'est le nombre des membres de l'expédition Maupertuis – et c'est l'occasion d'un clin d'œil au lecteur) se piquent aussi de philosophie et représentent Aristote, Descartes, Malebranche, Leibniz, Locke et saint Thomas d'Aquin. Le parallélisme avec le banquet réunissant dans *Zadig* plusieurs commerçants étrangers venus à Bassorah montre que les antinomies des théories métaphysiques ne sont pas moins dérisoires que les querelles entre les religions : **pour Voltaire, la métaphysique consiste à parler pour ne rien dire sans comprendre ce que l'on dit.**

La mise en scène est savoureuse : l'écrivain présente de façon **caricaturale** les systèmes métaphysiques (la « substance » d'Aristote, les « idées innées » de Descartes, le « Tout en Dieu » de Malebranche, l'« harmonie préétablie » de Leibniz). Il déconsidère successivement chaque théorie en la présentant de l'extérieur par une **image burlesque**. Micromégas met l'ironie au service du bon sens pour exécuter la doctrine cartésienne des idées : « Ce n'était pas la peine [...] que ton âme fût si savante dans le ventre de ta mère pour être si ignorante quand tu aurais de la barbe au menton ». En revanche, le géant ne répond même pas aux spéculations de Leibniz, comme si leur vaine gratuité ne méritait que le silence.

Seul trouve grâce aux yeux du conteur le **partisan de Locke** : ce philosophe modeste, prônant le doute et indifférent à ce qui dépasse l'entendement humain, dit simplement que les idées de l'homme proviennent de son expérience et développe une conception de la connaissance que l'on retrouve souvent sous la plume de Voltaire.

### La leçon du conte : un « livre tout blanc »

L'approbation donnée par les deux voyageurs au disciple de Locke offre à Voltaire un contraste malicieux avec un « petit animalcule en bonnet carré », c'est-à-dire un théologien de la Sorbonne, dont l'aplomb déconcertant symbolise la volonté affirmée par l'Église de contredire la raison. Ce théologien, disciple de saint Thomas, développe avec une prétention dogmatique une **conception anthropocentrique de l'univers** : mondes, soleils et étoiles, tout est « fait uniquement pour l'homme ».

À cette idée dominant la pensée du Moyen Âge et battue en brèche aux XVII$^{e}$ et XVIII$^{e}$ siècles par le développement de la recherche scientifique, Voltaire n'oppose aucun raisonnement, aucun refus de discuter, mais une arme plus redoutable, **le rire**. C'est d'abord le « rire inextinguible » qui saisit les deux géants à l'idée que l'univers ait pu être créé pour l'homme. C'est ensuite une scène digne de *Gargantua* : en s'esclaffant, les deux géants font tomber le vaisseau dans une poche de la culotte du Saturnien : la disproportion accentue encore le ridicule de l'anthropocentrisme.

La conclusion du conte est laissée à Fontenelle, Secrétaire de l'Académie des Sciences, dont l'**agnosticisme souriant** avait souligné, dans ses *Entretiens sur la pluralité des mondes* (1686), la vanité des hommes qui s'étaient mis à la plus belle place de l'univers. Quand il ouvre le beau livre de philosophie où Micromégas a promis que l'on verrait « le bout des choses », il ne voit qu'« un livre tout blanc ». Cette conclusion rappelle le « livre de destinée » dont Zadig aperçoit les caractères, sans pouvoir les déchiffrer. Sa signification symbolique est assez transparente : les hommes étant exclus de la vérité, ils doivent donc se garder de toute prétention ridicule et *rester à leur place* dans l'échelle des êtres.

# Synthèse littéraire

## LA NAISSANCE D'UN CONTE DE SCIENCE-FICTION

Au début de son *Traité de métaphysique* (1735), Voltaire part « à la recherche de l'homme », imagine qu'il habite une autre planète, parcourt l'univers et atterrit, « n'ayant point la forme humaine », près de l'Océan dans le pays de la Cafrerie. En 1739, l'écrivain adresse au prince Frédéric de Prusse le récit d'une randonnée astronomique similaire, le *Voyage du baron de Gangan*, qu'il remanie à Berlin et auquel il donne le nom de *Micromégas*. L'histoire se déroule en juillet 1737, à une époque où l'écrivain travaille à ses *Éléments de la philosophie de Newton*. Voltaire y reprend la tradition du voyage sidéral, qui vient d'être renouvelée dans les *Voyages de Gulliver* (1726) : le géant de Swift part à la rencontre d'êtres vivants dont il attend la révélation de la vérité (alors que Micromégas, comme Voltaire dans ses *Lettres philosophiques*, se déplace pour porter un jugement sur l'humanité).

Le voyage interplanétaire puise dans la **science de Newton** les éléments de la fiction. Micromégas utilise « merveilleusement les lois de la gravitation et toutes les forces attractives et répulsives ». Mais la rigueur scientifique du conte n'est pas absolue : son héros saute « de globe en globe comme un oiseau voltige de branche en branche », empruntant à l'occasion un rayon de soleil, une comète ou une aurore boréale. Cet étonnant voyage réalise un rêve de l'humanité, la conquête de l'espace.

La pluralité des mondes, mise à l'honneur depuis Kepler et vulgarisée par Fontenelle, incite les contemporains et notamment Wolff, un disciple de Leibniz, à d'extravagants calculs sur la taille des éventuels habitants des autres planètes. **Parodiant ces chiffrages,** Voltaire donne à Micromégas une taille de trente-deux kilomètres, le dote d'environ mille sens et d'une espérance de vie de cent cinq mille siècles, puis lui offre comme compagnon de voyage un habitant de Saturne haut de deux kilomètres seulement et donc qualifié de « nain ». La **fantaisie** apparaît avec l'existence, sur la planète de Sirius, de collèges de jésuites, d'un « muphti » (qui représente l'archevêque de Paris), et d'une cour « remplie de tracasseries et de petitesses ». De plus, sur Saturne, on rencontre un secrétaire de l'Académie des Sciences qui parle comme Fontenelle et a pour maîtresse une « fort jolie petite brune ».

## L'ART DU CONTEUR

L'espace est habité par des **personnages sympathiques**. Si Micromégas rappelle une de ces ombres chinoises que Voltaire faisait lui-même défiler dans des séances de lanterne magique improvisées, il fait aussi figure de **sage exemplaire** comme le Pantagruel de Rabelais. Le nain de Saturne offre une remarquable caricature animée de **vie** et dotée de **consistance** : il relance constamment le dialogue par ses inconséquences, ses galanteries, sa présomption ou ses généralisations abusives.

Micromégas offre un **récit à la première personne où le narrateur interpelle son lecteur** dès la première phrase : « [...] il y avait un jeune homme de beaucoup d'esprit que j'ai eu l'honneur de connaître dans le dernier voyage qu'il fit sur notre fourmilière ». Ce narrateur-témoin gomme les invraisemblances et rend plausible la fiction. Dans un récit réduit à l'essentiel s'intercalent deux **dialogues animés** : celui de Micromégas et du nain de Saturne sur l'immensité de l'univers ; celui des deux géants avec les hommes, qui s'achève par une présentation caricaturale des doctrines métaphysiques.

À l'**humour** né de la collision entre le gigantisme et l'anthropomorphisme (« vers les quatre cent cinquante ans, au sortir de l'enfance, Micromégas [...] »), Voltaire ajoute des **inventions cocasses** (on voit les deux géants manger à leur déjeuner deux montagnes « que leurs gens leur apprêt[ent] assez proprement ») ou des **assimilations bouffonnes** montrant que le conteur s'amuse lui-même de ses facéties.

## LES LEÇONS DE *MICROMÉGAS*

On découvre la signification du conte dans le contraste entre les deux éléments du nom de son héros : « petit et grand ». Il n'y a pas de géant dans l'absolu : tous les êtres sont des Micromégas, **petits et grands à la fois** par rapport à d'autres êtres, et l'homme doit rester à sa place dans l'échelle des vivants au sein d'un univers où tout est **relatif**.

La fréquence de l'adjectif « petit » dans le conte et l'importance prise par le champ sémantique de la minoration prennent tout leur sens quand on découvre la terre, où s'agitent des fourmis fébriles que Micromégas discerne difficilement au microscope. Cette perspective réductrice souligne la **faillite de l'anthropocentrisme** médiéval, ridiculisé par les découvertes de la science contemporaine : quand un théologien leur soutient que l'univers a été créé pour l'homme, les géants s'esclaffent.

Pourtant, ces animalcules doués de raison accèdent à des connaissances scientifiques étonnantes fondées sur la méthode empirique de Locke. Leur petitesse relative n'exclut pas la communication interplanétaire. À travers le conte circule la griserie exaltante d'un **univers ordonné et harmonieux**, derrière lequel Voltaire voit à l'œuvre le Dieu de Newton.

# Sommaire de *Zadig*

« Du temps du roi Moabdar, il y avait à Babylone un jeune homme nommé Zadig », riche, doté de toutes les qualités et enclin à la philosophie et à la science. Il décide de trouver le bonheur dans le mariage et s'éprend de la noble Sémire. Blessé en tentant de la sauver d'un enlèvement, il guérit contre l'avis de la médecine mais apprend que Sémire ne veut pas l'épouser (« Le borgne »). Dépité, Zadig épouse Azora (« Le nez »), qu'il est bientôt obligé de répudier.

Peu après, Zadig, accusé à tort d'avoir volé le cheval du roi Moabdar et la chienne de la reine, s'innocente, prouvant son habileté. Cependant il a compris combien il est difficile d'être heureux dans cette vie (« Le chien et le cheval »). Il cherche alors à se consoler par l'étude des sciences et à vivre au mieux dans une bonne société. Son voisin Arimaze, « l'Envieux », parvient à faire le accuser d'un crime de lèse-majesté. Moabdar comprend l'innocence de Zadig, qui gagne son estime, ainsi que la « complaisance » de la reine. Le héros se croit proche du bonheur (« L'envieux »).

Zadig l'emporte à nouveau dans un concours qui doit récompenser l'action la plus généreuse accomplie dans les cinq dernières années (« Les généreux »). Nommé premier ministre, il fait passer les lois sacrées avant tout (« Le ministre »). Zadig est dès lors à la mode. Tous observent ses avis et jugements, car « il se contentait d'avoir le style de la raison ». Soucieux des affaires publiques et protecteur des arts, sa prospérité semble sans borne (« Les disputes et les audiences »). Mais il tombe amoureux de la reine, provoque la jalousie du roi et ne doit son salut qu'à la fuite organisée par son ami Cador (« La jalousie »).

Parvenu aux frontières de l'Égypte, il tue un homme qui bat une Égyptienne nommée Misouf ; mais il ne peut empêcher son enlèvement par des courriers de Babylone (« La femme battue »). Accusé de cet enlèvement, Zadig est vendu comme esclave à Sétoc, auquel il rend service (« L'esclavage »). Fâché que Sétoc vénère les astres, Zadig lui enseigne la véritable philosophie ainsi qu'à Almona (« Le bûcher »).

Suivant son maître à la grande foire de Bassorah, Zadig est mis en présence d'étrangers d'origines diverses en désaccord en raison de leurs superstitions respectives. Il leur donne une leçon de déisme* (« Le souper »). De retour en Égypte, il est menacé d'être brûlé. Sauvé par Almona, il doit cependant quitter Sétoc et partir pour la Syrie (« Les rendez-vous »).

Attaqué près d'un château fort, son courage lui vaut l'estime du maître des lieux. Celui-ci soutient la « noble profession » de voleur qu'il propose à Zadig (« Le brigand »). Zadig s'interroge sur le sort d'Astarté : un pauvre pêcheur le renseigne sur ce qui est arrivé à Babylone (« Le pêcheur »).

Le hasard le met bientôt en présence d'Astarté. Dans une prairie, celle-ci cherche le basilic*, pour guérir son maître. Zadig apprend d'Astarté comment Moabdar, jaloux, a voulu l'empoisonner. Sauvée par Cador, elle a été remplacée auprès du roi par l'Égyptienne Missouf mais est devenue esclave. Zadig réussit à guérir Ogul sans basilic et obtient la libération d'Astarté (« Le basilic »). La reine, de retour à Babylone, est acclamée par son peuple qui décide de lui donner l'époux « le plus vaillant et le plus sage » lors d'un tournoi. Zadig triomphe. Alors qu'il doit revenir quatre jours après répondre aux énigmes des mages, revêtu de son armure, celle-ci lui est volée par son rival vaincu, Itobad. Conspué, Zadig s'éloigne, désespéré (« Les combats »).

Zadig rencontre un ermite qu'il décide d'accompagner quelque temps. Reçu chez un philosophe et chez une veuve charitable, l'ermite met le feu à la maison de l'un et noie le neveu de l'autre. Cela aurait provoqué la découverte d'un trésor et aurait empêché deux meurtres, y compris celui de Zadig. Ce dernier, révolté, voit alors le veillard se métamorphoser en un ange chargé d'« apprendre à un faible mortel à se soumettre aux ordres éternels ». L'ange Jesrad explique à Zadig que les méchants sont nécessaires pour éprouver les quelques justes vivant sur terre. L'ange ordonne de cesser de « disputer » de toute chose et s'envole lorsque Zadig persiste à le faire. Zadig accepte de se soumettre à la Providence et repart vers Babylone (« L'ermite »).

Vainqueur dans le concours des énigmes, il triomphe à nouveau d'Itobad et, ayant repris son armure blanche, se jette aux pieds d'Astarté. Le royaume connut alors « le plus beau siècle de la terre » car il était gouverné par la justice et l'amour, et Zadig en bénit le Ciel (« Les énigmes »).

# Les personnages

**Zadig :** le héros est un jeune Babylonien de la bonne société, riche, séduisant, vaillant au combat et habile à découvrir la vérité. Toujours prêt à aider les autres, il est souvent déçu et le destin semble s'acharner sur lui. Fiancé à Sémire, puis marié à Azora qu'il répudie rapidement, il aime la reine Astarté. D'abord favori et ministre, il devient esclave, puis finit roi de Babylone.

**Astarté :** c'est l'héroïne, belle, noble, aimée du héros. Mariée d'abord au roi Moabdar, elle passe aussi par le rang d'esclave dans un harem, avant de redevenir reine et épouser celui qu'elle aime, mais elle ne perd jamais de vue sa dignité.

**Moabdar :** le roi de Babylone est un souverain absolu, dont l'arbitraire est tempéré d'abord par l'intelligence. Mais aveuglé par sa jalousie envers Astarté et sa passion pour Missouf, il devient un tyran et est tué.

**Arimaze :** est dit « l'envieux » car il ne supporte pas le bonheur des autres. Tous ses efforts et ceux de son épouse consistent à essayer de faire la ruine du héros. Aussi l'envieux meurt-il de dépit quand Zadig parveint au bonheur.

**Sétoc :** il s'agit d'un commerçant égyptien qui achète Zadig comme esclave, puis le prend pour ami car il reconnaît ses mérites.

**Almona :** une jeune veuve de la tribu de Sétoc qu'il épouse après que Zadig l'a sauvée du bûcher du veuvage et qu'elle l'a sauvé en retour d'un bûcher de l'Inquisition.

**Cador :** est l'ami dévoué de Zadig, qui le tire de quelques difficultés.

**Missouf :** modèle de la femme fatale, cette Égyptienne, capricieuse et infidèle, rend Moabdar fou de passion mais peut être capable d'une certaine générosité.

# Résumés et commentaires

## « APPROBATION »

**RÉSUMÉ**

Un savant, après avoir lu le manuscrit de *Zadig*, le juge malgré lui « digne de plaire à ceux mêmes qui haïssent les romans ». C'est pourquoi il l'a critiqué auprès du Cadi-Lesquier, haut dignitaire de l'empire ottoman.

## « ÉPITRE DÉDICATOIRE DE ZADIG À LA SULTANE SHERAA PAR SADI »

**RÉSUMÉ**

Après les compliments d'usage en style oriental, le poète offre la traduction d'un livre d'un ancien sage, « qui dit plus qu'il ne semble dire ». S'il le soumet au jugement d'une favorite c'est que, bien que jeune et belle, elle raisonne fort bien, distribue au mieux ses bienfaits, et possède même « un petit fonds de philosophie ». Il présente ensuite les origines du livre qui semble remonter à la nuit des temps, et précède même la rédaction des *Mille et Une Nuits*, recueil qui, par comparaison, offre des contes « sans raison, et qui ne signifient rien ». Le poète propose donc à la sultane de parler raison, dès qu'elle sera lasse des « conversations générales », et il lui souhaite un bonheur éternel.

Conformément à un **procédé littéraire** très répandu au XVIIIe siècle, Voltaire présente son conte comme s'il avait été trouvé par hasard. Un narrateur – le poète Sadi qui a existé mais bien avant 837, année de l'hégire (1433) – prend en charge la présentation de *Zadig*, issu selon lui de l'antiquité chaldéenne. Cette convention renforce l'illusion réaliste ; l'absence d'auteur laisse à penser que cette « histoire orientale » est une sorte de témoignage du passé. De plus, un tel procédé permet à l'auteur d'échapper aux poursuites de la censure, d'autant que *Zadig* est publié sans nom d'auteur.

Voltaire pousse d'ailleurs ce procédé jusqu'au bout pour entamer sa satire du pouvoir et de la censure. En effet, la présentation du conte est faite selon deux points de vue opposés : d'une part, l'« Approbation » est une parodie de rapport de censure pour autoriser ou interdire la publication d'un ouvrage. Et le censeur est d'autant plus virulent qu'il interdit un livre qu'il couvre d'éloges. D'autre part, dans son « Épître dédicatoire », le poète Sadi fait un éloge qui confirme les opinions du censeur (c'est un ouvrage amusant, moral, raisonnable).

La convergence des deux opinions assure de la qualité de ce texte et permet à Voltaire de définir sa **position à** propos du genre du conte philosophique, qu'il oppose ici à la fois au roman et aux contes orientaux. Voltaire nous avertit et nous propose d'être des lecteurs attentifs selon le modèle de la sultane Sheraa dont il dresse le portrait dans l'« Épître dédicatoire ». L'histoire de Zadig est effectivement un « ouvrage qui dit plus qu'il ne semble dire » (*cf.* Synthèse littéraire).

Or, ce genre d'ouvrage semble destiné à des **lecteurs particuliers** qui représentent la société mondaine et aisée de la cour. Les premiers à en juger sont le sultan Ouloug-beg et ses sultanes. Ensuite l'histoire est proposée à l'appréciation de la sultane Sheraa en laquelle on a reconnu la favorite de Louis XV, Mme de Pompadour. En fait, l'« Approbation » et l'« Épître dédicatoire » ne figurent pas dans *Memnon*, première version de *Zadig* publiée en 1747, mais appartiennent à la première édition de *Zadig*. Ils correspondent donc à un épisode de la vie de Voltaire où celui-ci devait sans doute rentrer dans les bonnes grâces de la marquise protectrice des arts alors qu'il s'entendait mal avec le roi : Voltaire tentait en effet, au même moment, de faire accepter sa *Sémiramis* par les censeurs.

Cela explique le portrait particulièrement élogieux de la sultane Sheraa. La favorite est belle, sage et raffinée ; elle a des qualités rares pour une femme de cour ; « discrète » et « point défiante », « douce sans être faible », « bienfaisante avec discernement », elle sait ménager les susceptibilités et les relations d'une façon étonnante (« vous aimez vos amis, et vous ne vous faites point d'ennemis ») car elle ne se sert jamais de la médisance (« vous ne dites de mal ni n'en faites »). Ce portrait se termine sur la comparaison avec deux femmes célèbres : Thalestris et la reine de Sabée (Sabbah) ; il atteint ainsi une dimension légendaire.

Pourtant, ce portrait n'est pas dépourvu d'une certaine ironie (Sheraa, en réalité, est comparée à des courtisanes). Il débute en effet par une série d'épithètes dans le plus pur style oriental : « Charme des prunelles, tourment des cœurs, lumière de l'esprit ». Mais la suite est plus ironique : « je ne baise point la poussière de vos pieds, parce que vous ne marchez guère, ou que vous marchez sur des tapis d'Iran ou sur des roses ». Malgré les louanges, il semble qu'elle s'adonne aux « conversations générales » comme les autres sultanes puisque Sadi se propose d'attendre qu'elle en soit lassée et qu'elle lui accorde une minute, pour lui parler raison. On peut même sentir les souhaits, à la fin de l'« Épître dédicatoire », comme une sorte de menace ou d'avertissement que la beauté n'est pas « durable », et le bonheur « sans fin ».

L'« Approbation » et l'« Épître dédicatoire » jouent donc à la fois le rôle de contrat de lecture et celui de satire de la censure et des pouvoirs que l'on flatte pourtant.

## CHAPITRE PREMIER : « Le borgne »

**RÉSUMÉ**

À Babylone, sous le roi Moabdar, vit Zadig, un jeune homme raisonnable, intelligent sans vanité, attentionné avec les femmes, généreux avec tous. Zadig est surtout un sage et un savant qui lutte contre les superstitions.

Fort riche, donc aimé et aimable, il cherche le bonheur dans le mariage. Promis à Sémire, noble et riche jeune femme du pays, la plus belle de toutes, il se heurte à Orcan, neveu d'un ministre, qui croit donc devoir être préféré. Celui-ci tente de faire enlever Sémire; Zadig la sauve mais il est blessé à un œil. Le grand médecin de Memphis, Hermès, affirme qu'il en restera borgne car « les plaies de l'œil gauche sont incurables ». Or, la guérison se fait d'elle-même. Entre-temps, malgré sa reconnaissance, Sémire, qui ne supporte pas les borgnes, s'est mariée avec Orcan. Zadig est désespéré, mais, raisonnablement, il décide d'épouser une « citoyenne », Azora. Au bout d'un mois, celle-ci commence à se montrer fort légère en jugeant les jeunes gens sur leur physique.

## COMMENTAIRE

### Un prince de conte ?

Le conte philosophique* commence comme un **conte de fées** : « Au temps du roi Moabdar, il y avait à Babylone... ». Le lieu et le temps sont indéfinis et renvoient au décor habituel des *Mille et Une Nuits*, recueil de contes fort à la mode au XVIIIe siècle. L'exotisme oriental s'y rattache, sensible dans les noms (Zadig, Sémire, Azora), dans les références au philosophe Zoroastre, à la science des Chaldéens, au médecin égyptien de Memphis. L'exotisme et les références culturelles favorisent le dépaysement et l'exaltation de l'imagination, propres au conte. Zadig est un **héros modèle** de ce type de contes : il est jeune, riche, beau, intelligent, courageux au combat. Type-même du « prince charmant », il subit enfin des épreuves propres aux contes : l'amour et ses pièges, la jalousie et la méchanceté d'Orcan, une blessure qui pouvait le défigurer à jamais et qui, comme par miracle, guérit d'elle-même. Le personnage remplit donc toutes les fonctions du héros dans la difficile quête du bonheur.

### Un héros de roman ?

Par le thème abordé (la recherche du bonheur), et l'aventure amoureuse, Zadig se présente comme un héros de roman d'apprentissage.

Voltaire ne cesse d'abord de multiplier les références au genre romanesque pour s'en moquer : ici, il reprend une **scène de genre**, celle du héros qui défend sa bien-aimée contre des ravisseurs. L'attitude de Sémire et ses manifestations de gratitude font d'ailleurs de cette scène un modèle du genre romanesque au XVIIIe siècle, genre à la fois moral et « sensible* », de même que l'attitude de Zadig, héros sensible, qui s'évanouit et manque de mourir lorsqu'il apprend l'infidélité de sa bien-aimée.

Cependant, le coup de théâtre (Sémire n'attend pas le décès annoncé de son sauveur pour épouser Orcan qui en est responsable) ruine ces apparences idylliques. Et la rapidité du dénouement est une forme d'ironie dans la **parodie du romanesque** : au lecteur d'apporter un jugement sur la conduite de Sémire, d'autant plus que le désespoir de Zadig n'a alors plus de sens. Aussi Zadig devient-il un **héros « réaliste »**. Passionné mais raisonnable, il est dès le début sans grandes illusions si ce n'est celles de l'amour qu'il perd rapidement au profit de celle, plus bourgeoise, du mariage.

### Un homme des Lumières*

Zadig est un jeune héros mais il se caractérise pourtant par sa **sagesse**, qui réside dans son intérêt pour les sciences exactes, les mathématiques, l'astronomie. Héros sage mais sceptique, il est doté d'une **liberté** d'action et de jugement fort utiles, comme le montre l'épisode du diagnostic. Mais Zadig est finalement très proche de l'autoportrait que Voltaire a dressé de lui-même dans le poème intitulé « Le Mondain ».

## CHAPITRE SECOND : « Le nez »

**RÉSUMÉ**

Azora, choquée par la ruse d'une jeune veuve pour rompre son vœu de fidélité montre trop vivement son désaccord à Zadig. Celui-ci, avec Cador pour complice, un ami fort apprécié de sa femme, se fait passer pour mort. Azora, désespérée dans un premier temps, se fait consoler par Cador le jour suivant. Elle lui affirme sa préférence en cherchant à soigner un violent mal de rate dont il se dit atteint. Or, le seul remède semble consister à lui « appliquer sur le côté le nez d'un homme qui soit mort la veille ». Vite convaincue, Azora se précipite vers le tombeau de Zadig. Celui-ci en sort pour lui asséner une leçon de morale définitive.

### COMMENTAIRE

Voltaire reprend ici l'argument d'une anecdote fort célèbre et ancienne (puisqu'on la trouve dans un roman de l'Antiquité romaine), celle de la « matrone d'Éphèse », et en tire une histoire drôle, rapidement menée, qui démontre son art de conteur.

**Caricature de la femme mariée**, Azora est ici un personnage de comédie plus qu'un personnage réel : superficielle, choquée par l'hypocrisie d'autrui, avec un « faste de vertu », elle accomplit elle-même tout ce que la morale et la société exigent d'une veuve : « elle pleura, s'arracha les cheveux, et jura de mourir » ; la gradation insiste sur l'aspect stéréotypé des attitudes. Puis, lorsque Cador se déclare : « La dame pleura, se fâcha, s'adoucit », en une gradation ici décroissante mais qui montre tout autant le stéréotype. La mise en relation des deux scènes de démonstrations affectées souligne son **inconstance**.

Son empressement à soigner Cador témoigne de sa légèreté : d'abord, elle prétend guérir le mal de rate à l'aide d'un de ses parfums ; puis elle regrette l'absence du grand Hermès dont on sait pourtant l'inutilité depuis le chapitre précédent ; enfin elle accepte sans trop se faire prier l'idée de couper le nez d'un homme récemment décédé.

L'art de la satire est également observable dans les détails de l'anecdote initiale qui l'enrichissent et la réactualisent.

## CHAPITRE TROISIÈME : « Le chien et le cheval »

### RÉSUMÉ

Après avoir répudié Azora devenue « trop difficile à vivre », Zadig « chercha son bonheur dans l'étude de la nature », c'est-à-dire la philosophie. Mais la sagacité qu'il acquiert ainsi ne manque pas de lui attirer des ennuis : alors que des gens du palais sont à la poursuite du cheval favori du roi et de la petite chienne de la reine, il décrit ces animaux si précisément que l'on ne peut croire qu'il ne les ait jamais vus et même que ce ne soit lui qui les ait enlevés. Zadig, accusé, est condamné au knout (le bagne russe). Mais les animaux sont retrouvés au même moment. Zadig est alors condamné à une lourde amende « pour avoir dit qu'il n'avait point vu ce qu'il avait vu ». Mais Zadig se justifie par l'explication de ses déductions et devient célèbre au point que le roi ordonne la restitution de l'amende, dont ne lui revient en fait qu'une infime partie. Les leçons tirées de cette mésaventure ne lui servent de rien puisque, à la fin du chapitre, son silence lors de l'évasion d'un prisonnier lui coûte aussi cher.

## COMMENTAIRE

### Le portrait du philosophe

La philosophie semble en mesure d'apporter la sérénité à Zadig en le mettant à l'abri de l'hypocrisie sociale : l'amour de la nature remplace l'amour des femmes. « Il vit tranquille ; il ne craint point les hommes, et sa tendre épouse ne vient point lui couper le nez », dit Voltaire avec ironie. La philosophie procure donc le **bonheur**, même s'il est négatif.

Pourtant cette tranquillité n'est que **provisoire** puisque Zadig ne peut éviter d'être mêlé, quoi qu'il fasse, aux affaires publiques. Voltaire semble ainsi dénoncer une certaine conception du philosophe, retiré et méditatif, dont la condition est illusoire : il n'est d'aucune utilité pour la communauté et peut même être soupçonné de sorcellerie.

La philosophie rapproche également l'homme de la vérité, donc de Dieu, dont il lit le « grand livre ». Le philosophe, selon Voltaire, n'est pas nécessairement athée. C'est avant tout **un sage**, qui « nourrit et élève son âme » et évite les questions inutiles. Sa modestie est une preuve de sa sagesse : Voltaire l'affirme (« Zadig répondit modestement ») et le suggère par l'humilité de ses propos : il montre un très grand respect envers les institutions (« auguste assemblée », « la chienne respectable de la reine ni le cheval sacré du roi des rois »…) et envers les usages (« je vous jure par Osmorade »…).

C'est également **un être supérieur**, comme le montre, de façon presque excessive, l'épisode du cheval et du chien disparus, à tel point que « tous les juges admirèrent le profond et subtil discernement de Zadig ». **Passionné par la science** et l'étude, le philosophe est « plein de ces idées » ; il étudie de sorte à acquérir « bientôt une sagacité » particulière. Mais Zadig est devenu « trop savant », sa « sagacité » lui vaudra la mésaventure suivante, illustration d'une merveilleuse perspicacité scientifique, « où les autres hommes ne voient rien que d'uniforme ».

Malgré toute sa science et toute sa sagesse, Zadig, lors de sa défense, ne peut s'empêcher de faire de l'ironie à l'égard de ses juges. C'est aux limites du système judiciaire que Voltaire s'attaque ici.

### Le système de la justice

Le système judiciaire est d'abord décrit dans tout son processus comme une **machine implacable** : Zadig est arrêté sur de simples soupçons (« Le grand veneur et le premier eunuque *ne doutèrent pas* que Zadig n'eût volé le cheval du roi et la chienne de la reine. »), est conduit devant un tribunal (« l'assemblée du grand Desterham ») et condamné aussitôt « au knout et à passer le reste des ses jours en Sibérie ».

La phrase qui exprime le fonctionnement de la machine judiciaire est si courte, le rythme ternaire propose les événements avec une telle logique d'évidence, qu'il en ressort une impression d'**arbitraire** renforcée par le début de la phrase suivante (« À peine le jugement fut-il rendu... ») qui apporte un démenti immédiat au jugement, par les faits. Enfin, par dépit sans doute, puisqu'ils se trouvent dans « la douloureuse nécessité de réformer leur arrêt, les juges condamnent Zadig à une très forte amende (« quatre cents onces d'or ») pour les avoir induits en erreur ! L'**absurdité** de cette justice est enfin confirmée par le fait que Zadig ne peut se défendre devant ses juges qu'après avoir payé. Mais l'arbitraire l'emporte puisque, malgré son innocence prouvée, Zadig ne retrouve pas son argent.

En réalité, Voltaire donne à voir **deux visages de la justice** : une justice institutionnelle, cupide et bornée, et une justice royale, plus « juste », mais soumise au bon vouloir d'un seul, et donc tout aussi arbitraire.

Zadig s'adresse à ses juges avec une certaine ironie dont on s'imagine qu'ils sont bien en peine de la comprendre. En effet le texte nous dit qu'à Babylone, l'usage consiste à remercier ses juges de leur « indulgence » même lorsque celle-ci est particulièrement sévère. La défense de Zadig commence donc par une série d'épithètes soi-disant élogieuses, dont Voltaire renforce l'ambiguïté par l'emploi du style orné et précieux qui définissait en principe l'éloquence orientale : « Étoiles de justice », expression positive, est complétée par « abîme de science », expression dans laquelle « abîme » peut-être interprété aussi bien comme profond (« puits de science ») que comme néant ; « qui avez la pesanteur du plomb » rappelle la traditionnelle « gravité » des juges, au sens étymologique, mais indique aussi leur lourdeur stupide d'autant que le plomb est un métal peu précieux. Les métaux sont ensuite utilisés dans un ordre croissant d'éclat : le fer est dur, mais sa « dureté » désigne une justice à la fois implacable et inhumaine ; et les juges ont beaucoup « d'affinité avec l'or » moins par leurs qualités que par leur cupidité. L'assemblée à laquelle s'adresse Zadig paraît alors beaucoup moins « auguste ». Seul Zadig semble en fait capable de juger : « J'ai jugé enfin, par les marques de ses fers [...] ». Le caractère auguste de l'assemblée des juges ne se définit en fin de compte que par l'autorité dont ils sont investis et dont ils tirent beaucoup d'orgueil, manifeste par le faste – coûteux – dont il s'entourent : « Le greffier, les huissiers, les procureurs, vinrent chez lui *en grand appareil* [...] et leurs valets demandèrent des honoraires. » Cette scène complète la **satire des gens de justice**.

Au contraire, **l'attitude du roi** semble placée sous le signe du bon sens et de la raison : il s'oppose à l'autorité et à l'opinion superstitieuse des mages (« quoique plusieurs mages opinassent qu'on devait le brûler comme sorcier »), et il montre une certaine générosité en ordonnant que l'amende soit rendue. Mais cet ordre est inefficace, et n'empêche pas une nouvelle condamnation de Zadig. En outre, le roi ne s'intéresse à réparer une injustice qu'à partir du moment où Zadig devient suffisamment célèbre pour l'intéresser : « [...] la nouvelle en vint jusqu'au roi et à la reine. On ne parlait que de Zadig dans les antichambres, dans la chambre, et dans le cabinet [...] ». La gradation antichambre-chambre-cabinet, qui opère une sorte de rapprochement ou de familiarité vis-à-vis du roi, suggère peut-être que c'est l'opinion publique, l'insistance de la rumeur qui ont décidé le roi à intervenir. On voit ainsi combien il faut peu compter sur une intervention royale alors que le roi est censé faire respecter la justice dans son royaume. Cet arbitraire royal est sans doute souligné dans le texte par l'excessive dévotion que l'on porte à un cheval ou à une chienne, boîteuse d'ailleurs, recherchés par les plus grands officiers du royaume, dont l'enlèvement est puni des plus grandes peines, et par les épithètes tout aussi disproportionnées qui caractérisent tous ceux qui entourent le roi : « le vénérable eunuque et le très illustre grand veneur ».

Voltaire décrit ici une vie sociale à laquelle personne ne peut échapper, et qui se définit par son injustice.

## CHAPITRE QUATRIÈME : « L'Envieux »

**RÉSUMÉ**

Zadig retourne à la philosophie et à l'amitié. Sa bibliothèque attire les savants, et sa table, une compagnie agréable. Les deux lui apportent quelques malheurs. D'abord une discussion s'élève sur un point de la religion de Zoroastre qui interdit de manger du griffon, animal mythologique. Zadig, qui a conclu raisonnablement ce débat finalement ridicule, s'attire l'hostilité d'un savant dont toute la carrière est fondée sur l'existence du griffon, et qui s'allie avec un prêtre, « le plus sot des Chaldéens », dans le but de faire empaler Zadig. Mais Cador intervient et apaise l'archimage grâce à une fille d'honneur. Zadig se tourne ensuite vers la « bonne compagnie » à laquelle il offre des réceptions raffinées sans être superficielles. Or, c'est justement la qualité de ces soupers qui provoque la haine de son voisin Arimaze, jaloux de ses fréquentations et dépité de n'être pas préféré. Aussi ce dernier profite-t-il d'avoir trouvé, dans le jardin de Zadig, la moitié d'un poème galant que celui-ci avait composé ; le hasard veut que cet « extrait » forme un sens hostile au roi. Zadig, arrêté avec ses amis, est condamné à mort sans pouvoir se défendre. Arrivé au pied de l'échafaud, il est sauvé par un autre hasard : le perroquet du roi transporte à ce moment aux pieds de son maître l'autre moitié du poème perdu, collée à une pêche. Le roi rassemble les deux morceaux et sauve les condamnés. Zadig rend à l'envieux les biens qu'on lui avait confisqués en punition, devient le favori du roi et recommence à croire au bonheur.

## COMMENTAIRE

### Les malheurs dus à la science

Le premier épisode s'attaque à la **vanité des hommes de science** par opposition à l'humilité du savant.

Le savant est un érudit dont le degré de savoir se mesure au nombre de tomes rédigés sur un sujet : exemple, l'adversaire de Zadig, qui a réussi à rédiger treize volumes sur les propriétés du griffon, animal mythologique qu'il n'a jamais vu, ce qui est signe d'ailleurs de son habileté ; il en a sans doute tiré son grade de « grand théurgite ». L'érudit a également une grande capacité à parler pour ne rien dire, comme le montre l'objet de leur discussion : faut-il manger ou non d'un animal qui n'existe pas ?

Cador montre d'ailleurs que ces coutumes n'ont guère de fondement puisqu'il les compare à d'autres habitudes alimentaires qui interdisent de manger les lapins qui ont « le pied fendu » (mais l'archimage Yébor ne l'entend pas ainsi). Ces savants montrent donc ce qu'est la vanité au sens premier : ce qui est vide, sans contenu.

Ces gens disputent et écrivent des traités à propos de questions religieuses, ici une loi de Zoroastre qui défend de manger du griffon : les savants que critique Voltaire sont donc plus précisément des **théologiens**. Or, la religion qu'ils défendent est à la fois une philosophie – celle de Zoroastre – et une superstition. Mais ces savants ne sont pas objectifs ou impartiaux : pour l'adversaire de Zadig, défendre sa théorie consiste avant tout à éliminer Zadig en le faisant condamner pour hérésie ; il refuse ainsi un débat qu'il ne pourrait mener à son terme. Cette vision particulière des savants est liée à leur relation avec les autorités religieuses dont fait partie l'archimage

Yébor – « le plus sot des Chaldéens » –, comme le montre le terme « docteurs » qui rassemble à la fin de l'épisode les savants et les prêtres. Ainsi, par un retournement propre au style de Voltaire, les savants sont aidés par les plus sots, ce qui en fait des personnages infiniment « dangereux ». Comme le suggère la dernière phrase de l'épisode, les savants ne forment décidément pas une « bonne compagnie ».

Cependant, **le danger ne vient pas des savants eux-mêmes mais des prêtres**. Toute l'ironie porte en effet sur Yébor et le collège des mages, qui ne semblent soucieux que de tuer, « empaler », « pour la plus grande gloire du soleil », par **pur « fanatisme »**. Si leurs condamnations n'aboutissent pas, cela signifie que l'empire est en pleine « décadence ». L'accusation d'hérésie semble suffire à elle seule, l'accusation du savant contre Zadig valant celle de Cador contre le savant, au point que Cador, croyant sauver son ami en critiquant le savant, ne fait qu'augmenter le nombre de condamnés. Voltaire montre ici que la bêtise et la méchanceté l'emportent sous le couvert de la religion ; elles sont illustrées malicieusement par le **portrait de Yébor**. Le degré de son titre dans la hiérarchie religieuse (il est « archimage », c'est-à-dire le plus grand des mages) est à la hauteur de son degré de bêtise. Vieux et laid sans doute, si l'on en croit sa tête chauve, il est pourtant fort intéressé par la jeune femme que Cador lui propose, sa morale n'étant plus du tout effrayée par le terme de « fille d'honneur » qui, par antiphrase* encore, désigne une fille de joie. À la bêtise de Yébor, s'ajoute sa cruauté, puisque la mort d'un homme l'aiderait à réciter le bréviaire de Zoroastre « d'un ton plus satisfait » ; il s'empresse d'en condamner deux ensuite plutôt qu'un et, parmi eux, son ami savant. D'ailleurs la condamnation à être « empalé », que Voltaire tire de l'imaginaire oriental, insiste sur cette cruauté. Yébor est une caricature et on a souligné que ce personnage à clé désigne un certain Boyer dont Voltaire avait à ce venger. Mais à travers lui, insistons sur le fait que Voltaire s'attaque vraiment aux autorités religieuses et au poids qu'elles ont dans la société.

Dans cette seconde tentative pour éliminer Zadig en le faisant condamner à mort, ce n'est plus la justice religieuse, mais la justice civile qui est engagée. Cette dernière dépend du roi comme l'a également prouvé le chapitre précédent.

**Les malheurs dus aux relations sociales**

Ce deuxième épisode propose la description d'un **univers social élégant** et raffiné. Ceux que Zadig invite chez lui à des soupers fins sont « les plus honnêtes gens de Babylone, et les dames les plus aimables » ; les ministres même font partie des amis de Zadig. Leur élégance est telle qu'ils ne font pas assaut d'esprit – contrairement aux savants – et se contentent de tenir des conversations charmantes et de réciter des vers brillants. Leurs occupations et distractions sont donc simples mais raffinées : « soupers délicats précédés de concerts », où les mets sont triés autant que les membres de l'assistance ; promenades dans le jardin ornées de conversations galantes. Les « plaisirs » des réunions de Zadig sont ceux des arts et de l'amour, les régals du « Mondain », selon un poème célèbre de Voltaire. Ces plaisirs sont ceux de la plus haute société, du courtisan (les dames et le ministre) et de la cour que représente le couple royal. Zadig est donc un parfait courtisan.

À ce portrait du courtisan idéal répond celui **de l'envieux**, Arimaze, personnage important pour l'action, qui réapparaîtra plusieurs fois dans le conte. Comme tout personnage nuisible et méchant – son nom désignerait ainsi le principe du mal dans la philosophie de Zoroastre – il est laid (sa « méchante âme était peinte sur sa grossière physionomie ») ; il est surtout vaniteux, ce que Voltaire exprime par une redondance* : « rongé de fiel et bouffi d'orgueil, et pour comble, [...] un bel esprit ennuyeux ». Ce personnage est excessif dans la méchanceté puisque, malgré sa richesse, il ne parvient pas à attirer les flatteurs : c'est une « harpie » qui n'a d'autre but que de ruiner le bonheur d'autrui ; inversement, le malheur d'autrui fait son bonheur. La malhonnêteté des procédés d'Arimaze constitue en effet son dernier trait de caractère : il participe aux soupers de Zadig sans y être invité, gâche ses soirées dont il « corrompt » la joie ; il fouille son jardin pour retrouver un poème jeté et s'en sert pour le faire accuser de crime de lèse-majesté. L'accumulation de défauts et de vices dont Voltaire dote ce personnage est siginificative. La métaphore de la harpie qui infecte les viandes qu'elle touche est particulièrement frappante dans le thème du souper fin. Pourtant, ce peronnage très mauvais n'est pas puni selon ses fautes (Zadig lui rend tous ses biens confisqués) et l'aventure ne l'amende pas

(« il ne fut touché que du plaisir de ne pas perdre son bien »). Le conte est-il bien moral si les méchants ne sont pas punis ?

L'épisode reprend enfin le thème de la justice associée aux **hasards du destin**. En effet, la vie de Zadig semble entièrement soumise aux aléas du destin : n'est-ce pas un animal – le perroquet du roi – qui le sauve *in extremis* de l'échafaud ? (Et ce, notons-le, par « défaut » de gourmandise !)

## CHAPITRE CINQUIÈME : « Les généreux »

### RÉSUMÉ

À ce moment a lieu à Babylone une cérémonie qui permet, tous les cinq ans, d'honorer les actions les plus remarquables. Ce concours de vertu est récompensé par une coupe d'or garnie de pierreries et d'un compliment royal. Trois cas sont exposés : celui d'un juge qui a réparé une erreur au prix de ses propres biens ; celui d'un jeune homme amoureux ayant cédé sa bien-aimée à un autre avec sa dot ; enfin, celui d'un modèle d'amour filial. Alors que tous penchent pour ce dernier, le roi tranche en faveur de Zadig parce que celui-ci a simplement dit devant lui du bien d'un ministre disgracié. Zadig renvoie le compliment au roi, car il ne l'a pas puni. Tous reçoivent des présents et Zadig la coupe ; il se croit heureux.

### COMMENTAIRE

**Trois exemples de vertu**

Le concours organisé tous les cinq ans est une **grande démonstration de morale** qui occupe non seulement la ville et l'empire, mais le monde entier (les gens viennent « des extrémités de la terre », « des députés de toutes les nations » s'y rendent). Voltaire insiste sur l'importance de cette fête (« déclarer solennellement », « solennité », « ce jour mémorable ») et sur les prix « inestimables » qui la couronnent. Voltaire décrit également très précisément l'organisation de cette cérémonie : quels sont les juges, le rôle du premier satrape, les paroles solennelles que prononce le roi. Mais on remarque que cette cérémonie, si formelle soit-elle, **ne sert à rien** puisqu'aucun des trois cas exposés ne sera récompensé de la coupe d'or garnie de pierreries.

Les trois cas sont présentés en un ordre croissant dans la vertu. Aussi, lorsque le roi expose la belle action de Zadig, il ne reste plus qu'à penser qu'elle est supérieure en vertu au troisième cas. Or, chacun des trois exemples de vertu est particulièrement **invraisemblable**. Qu'un juge donne sa fortune pour compenser un jugement erroné dont il n'est pas responsable, paraît déjà incroyable en raison de l'exposé, dans les chapitres précédents, de la cupidité des juges. Le deuxième exemple est traditionnel et presque banal ; le roi dit d'ailleurs que ces actions sont « belles » mais ne l'« étonnent point » : après le sacrifice financier, le sacrifice amoureux au nom de l'amitié semble simplement plus difficile à accomplir. Quant au dernier exemple de vertu, il est si exagéré que l'on sent poindre l'ironie de Voltaire : le sacrifice amoureux d'un jeune soldat est fait au nom de la piété filiale, et il est amplifié par un autre sacrifice puisque, pour aider sa mère, « il eut le courage de souffrir la vie ». Ces exemples de vertu ont en fait en commun de ne pas rendre leurs héros heureux, puisque le dernier doit même « renoncer à se suicider ». Pour Voltaire, la vertu n'est sans doute pas une vraie sagesse, lorsqu'elle s'applique si mécaniquement et aveuglément.

### Un despote éclairé

Le concours fait finalement triompher Zadig, qui n'a risqué ni sa fortune, ni son amour, ni sa vie au combat. Zadig n'a fait que donner son avis et si cela semble exiger beaucoup plus de courage que les cas précédents, c'est sans doute que la liberté d'expression est bien dangereuse. Zadig le confirme lorsqu'il qualifie l'attitude modérée du roi à son égard de « l'action la plus inouïe ». Ici encore est mise en évidence la puissance absolue du roi, qui décide finalement du sort de toutes choses en son royaume et ce, de manière arbitraire. En effet, malgré son action positive, ses actions sont dominées par le caprice puisqu'il disgracie son ministre qui était pourtant son favori.

Lorsqu'il se plaint, c'est avec « violence », et sa colère est qualifiée de « passion ». Mais cette attitude absurde est favorisée par la servilité des courtisans qui renchérissent sur les excès du roi. Zadig, lui, se dit « l'esclave » du roi.

On voit ainsi comment le conte moral s'est retourné mais aussi comment le triomphe de Zadig engage la critique d'un système politique despotique alors qu'en apparence, il semblerait favoriser l'image du roi.

## CHAPITRES SIXIÈME ET SEPTIÈME : « Le Ministre » (6) « Les disputes et les audiences » (7)

**RÉSUMÉ**

Zadig remplace aussitôt le premier ministre disgracié. La joie des belles Babyloniennes s'oppose au dépit des courtisans et de l'envieux, mais le perroquet que Zadig est venu remercier semble prédire que ce bonheur sera bref. Zadig, qui ne croit pas aux oracles, se met au travail : il applique les lois sans sévérité, écoute les conseillers, est habile à juger avec prudence et à découvrir la vérité, comme le montrent quelques cas épineux. Une affaire d'héritage et une autre de promesse de mariage où il faut choisir à chaque fois entre deux prétendants, montrent que les apparences sont souvent trompeuses, et que le plus modeste est souvent le meilleur. **(Chapitre 6)**

Zadig, très admiré, lance les modes. Il refuse de prendre parti dans plusieurs disputes religieuses et réconcilie les tendances les plus opposées par des discours sans ornements mais pleins de raison. La rapidité de ses jugements lui permet d'ailleurs de s'occuper d'embellir Babylone en favorisant le théâtre et les artistes. Le roi et la reine ne cessent de faire ses louanges. Mais les femmes tentent de le séduire en lui demandant audience, à commencer par la femme de l'envieux ; en ne répondant pas à ses avances, Zadig s'attire ses foudres. Dans l'allusion d'un mot que Zadig laissa échapper en cédant à une suivante de la reine, l'envieuse trouve un moyen de se venger de lui. Zadig, qui s'étonne de certaines distractions, rêve au même moment d'un serpent qui le menace. **(Chapitre 7)**

## COMMENTAIRE

### Les qualités d'un bon ministre

Zadig devient ministre par la seule volonté du roi mais essaie d'« exercer son ministère de son mieux ». Voltaire attribue plusieurs qualités à un bon ministre. La première consiste à **ne pas abuser du pouvoir** (« il ne fit sentir à personne le poids de sa dignité »). Zadig semble s'y appliquer : « Il fit sentir *à tout le monde* le pouvoir sacré des lois ». Mais l'essentiel n'est pas là : Zadig autorise même le conseil (« le divan ») et les autres ministres (« chaque vizir ») à avoir un avis différent du sien, c'est-à-dire qu'il admet l'opposition et les conseils, chose inouïe dans une monarchie absolue. La vanité des ministres est mise en relief puisqu'ils pensent pouvoir étendre leurs compétences à tous les domaines, y compris l'art, ce que se défend Zadig : « Il ne prétendait pas en savoir plus que les artistes [...] et n'était point jaloux en secret de leurs talents. » Voltaire finit par insister sur la **dépersonnalisation du pouvoir** : ce n'est pas Zadig qui dirige, c'est la loi elle-même. Être ministre correspond seulement à une charge complexe, puisque Zadig doit modérer ou créer des lois. De plus, ces lois sont créees uniquement au service des citoyens. Enfin, Voltaire énonce le principe qui doit conduire le système judiciaire : « il vaut mieux hasarder de sauver un coupable que de condamner un innocent ».

Le paragraphe consacré à l'exercice théorique du pouvoir est constitué de **formules marquantes** soulignées par des figures de style : parallélisme* de l'antithèse* mis en relief par une allitération* en /p/ (« Il fit sentir à tout le monde le pouvoir [...] er ne fit sentir à personne le poids [...] ») ; allitération en /v/ (« [...] les voix du divan, et chaque vizir pouvait avoir un avis [...] ») ; anaphore* de « quand » (« Quand il jugeait... ; mais quand elle était trop sévère... ; et quand on manquait de lois... ») ; ces figures de style montrent l'importance de la démonstration, confirmée par les exemples : les anecdotes qui suivent développent la deuxième qualité d'un bon ministre selon Voltaire : « Son principal talent était de démêler la vérité... ». Or ce talent correspond à l'application pratique des lois et du sens de la justice, d'une part dans le domaine judiciaire, d'autre part dans le domaine religieux (« le grand procès entre les mages blancs et les mages noirs »). Dans les deux cas, Zadig doit choisir entre deux possibilités.

Les anecdotes choisies par Voltaire sont assez traditionnelles et appartiennent au conte, à la fable, au recueil de cas. Dans chaque cas, les décisions de Zadig contreviennent à l'opinion commune (« chacun disait... ») mais sont marquées du sceau du bon sens et de l'expérience. En effet, Zadig ne décide pas sans avoir mis les parties **à l'épreuve des faits** : qu'il s'agisse des héritiers, qui doivent s'expliquer et démontrer que leur piété filiale ne se mesure pas à l'argent dépensé ou qu'il s'agisse des mages, dont le plus sage est celui qui ne propose pas la métaphysique comme système d'éducation. Dans ces situations, Voltaire cherche à rappeler le modèle du roi Salomon, célèbre par la justesse de ses jugements.

Les querelles religieuses engagent Zadig plus personnellement, car le ministre doit **donner l'exemple** : « les savants le regardaient comme leur *oracle* [...] on ne croyait que ce qui lui semblait croyable » (chapitre 7). En réalité, à chaque fois, le héros refuse de décider – ce qui est dans un sens exactement le contraire des situations précédentes (« Zadig entra dans le temple en sautant à pieds joints [...] » ; « Zadig ordonna qu'on se tournât comme on voudrait. »). Les disputes religieuses sont effectivement marquées par leur plus grande vanité : rentrer du pied droit ou du pied gauche dans un temple, se tourner vers l'orient ou pas pour prier, de telles précautions semblent sans intérêt et pourtant elles déclenchent des hostilités violentes entre « sectes opiniâtres ». Le fanatisme religieux est condamné, mais Voltaire semble suggérer qu'il peut disparaître s'il n'est pas encouragé par le pouvoir. Ce dernier est d'autant plus efficace que son action est partout célébrée : « Tout l'empire était rempli de son nom ».

Enfin, l'auteur indique quelles sont les autres qualités qui feraient un grand ministre. Il souhaite d'abord un ministre jeune, sans doute plus actif et avec des idées plus progressistes. On apprend que Zadig s'occupe des « embellissements de Babylone », chose très importante pour Voltaire, pour qui

**les progrès de la civilisation,** des arts, et du confort, sont à l'image des progrès dans la moralité humaine. On reconnaît le Paris des Lumières dans cette ville où l'on fait « représenter des tragédies où l'on pleurait, des comédies où l'on riait » ; le bon ministre est donc avant tout un **protecteur des arts**.

Avant toute chose, il ne doit pas être issu du groupe des courtisans qui entourent le roi, mais obtenir son poste grâce à son seul **mérite** ; il réunit ainsi « la subtilité [du] génie et la bonté de [l'] âme ».

Cependant, toutes ces qualités ne peuvent assurer la réussite d'un ministre, car **la réalité est bien éloignée de favoriser la bonté** et la justice. Deux épisodes, au début du chapitre 6 et à la fin du chapitre 7, montrent que ce pouvoir idéal n'est pas destiné à durer : le perroquet semble prophétiser la fin du bonheur de Zadig, de même que le songe dans lequel un serpent le tue. Les « méchants » sont en effet aux aguets et attendent qu'il commette une faute : les courtisans sont « fâchés » ; l'envieux eut un « crachement de sang » et l'envieuse, sa femme, dépitée, pense beaucoup (à se venger), « cruellement piquée de la préférence » que Zadig accorde à une femme de chambre de la reine ; et si ses discours ne sont pas parfaits, il se trouve toujours quelqu'un pour les critiquer. D'ailleurs la menace est sous-entendue dans le simple rappel de ses malheurs : « C'eût été grand dommage qu'il eût été pendu ».

## La politique et l'amour

Quelques remarques montrent que Voltaire cherche à donner une leçon de politique sans ennuyer son lecteur. Aussi, mêle-t-il une des scènes les plus scabreuses du conte à la démonstration.

Les deux chapitres alternent en fait le sérieux et le grivois de façon insistante, créant un **effet de réel** qui rattrape l'idéalisme du tableau politique. Un des exemples de procès joue de ce thème, puisque le procès en paternité concerne deux mages (deux prêtres), dont « l'instruction » a mis enceinte une « fille fort riche » : la cupidité des prêtres s'ajoute à leur sensualité, déjà notifiée. Mais c'est surtout l'attitude des « belles Babyloniennes » qui est mise en cause, plus intéressées par les qualités physiques du ministre que par ses compétences, ce qui donne une certaine idée de l'« immoralité » de Babylone, c'est-à-dire de Paris. Les termes employés sont presque vulgaires (« toutes les femmes le lorgnaient »), et leurs intentions ne le sont pas moins si l'on en croit les ruses qu'elles déploient lors des audiences.

Les deux exemples d'audience exposés – la tentative de séduction manquée de l'envieuse, celle, réussie, de la femme de chambre d'Astarté – sont amusantes dans la mesure où Voltaire met l'accent sur les discours de séduction des deux femmes et leurs réflexions, fort éloignés de l'indifférence de Zadig. L'envieuse fait entendre, dans un discours indirect libre, qu'elle n'aime pas son mari, parce que celui-ci serait impuissant (« les dieux le punissaient en lui refusant les précieux effets de ce feu sacré [...] »). En laissant tomber une jarretière, pièce de lingerie intime mais indispensable au XVIII^e^ siècle, elle explique par le geste les sous-entendus contenus dans ses paroles. Or c'est justement par **l'art du sous-entendu et de la suggestion** et par l'humour que la littérature érotique des Lumières échappe à la vulgarité, de même que la littérature philosophique échappe de cette manière à la censure. La scène de volupté entre la femme de chambre et Zadig montre comment Voltaire utilise le cliché des gémissements amoureux en laissant le lecteur s'amuser de ce qu'il faut comprendre (« [...] dans les instants où plusieurs personnes ne disent mot, et où d'autres ne prononcent que des paroles sacrées [...] »).

L'humour tourne à la **scène de comédie** dans le quiproquo qui se crée à ce moment critique et montre la vanité des femmes, puisque la chambrière interprète à tort l'exclamation qui échappe à Zadig : « Ma reine » est en effet une expression ambiguë, puisque elle est parfois employée comme expression hyperbolique* de la tendresse pour une femme aimée. Mais cet humour se porte également sur Zadig qui cède à une femme, parce que sans doute elle est proche de la reine, et prononce des paroles involontaires qu'il ne comprend pas encore malgré toute « la subtilité de son génie » ; il ne comprend pas ses fréquentes « distractions » dont l'envieuse semble pourtant deviner la raison. La philosophie ne sert donc à rien face à l'amour.

On voit comment Voltaire mêle la psychologie et le roman sentimental à l'érotisme, ce qui est déjà une critique du romanesque, alors qu'il en utilise les procédés.

## CHAPITRE HUITIÈME : « La jalousie »

**RÉSUMÉ**

Les qualités de Zadig vont provoquer sa perte, en attirant l'intérêt de la reine lors d'entretiens quotidiens. En effet Astarté tombe amoureuse progressivement, à son insu, et ses charmes impressionnent tout autant Zadig. Ce dernier tente de combattre un sentiment qui lui est interdit au moment où il le découvre. Mais il finit par révéler son trouble à son ami Cador. Celui-ci, ayant déjà compris ce qui se passait, l'avertit du danger qui les guette, lui et la reine, plus faible, s'ils persistent à résister à leur inclination mutuelle. Zadig refuse de trahir son souverain, en vain : ce dernier, observant son épouse et son ministre, conçoit des soupçons. Trompé par une ruse de l'envieux et de sa femme, le roi décide de faire tuer les prétendus amants. Cependant, un nain muet, qui leur est attaché, parvient à les prévenir au moyen d'un dessin. Zadig, désespéré, s'enfuit grâce au sang-froid de Cador, qui lui promet de sauver la reine. Exilé en Égypte, il médite sur son destin.

**COMMENTAIRE**

### La description de la passion

Voltaire décrit **la naissance de l'amour** dans ses différentes étapes. Il y a d'abord des **circonstances favorables** : les rencontres quotidiennes, des « conversations agréables », mais aussi la position respective de Zadig et d'Astarté qui fait du premier le favori de l'époux et permet à la seconde de lui faire des cadeaux parce que c'est « un homme cher à son époux et à l'État », et qu'elle croit lui parler « en reine contente de ses services ». Il y a ensuite **deux êtres qui semblent destinés l'un à l'autre** par des caractéristiques communes. Ils sont jeunes et beaux : « sa jeunesse et ses grâces » pour Zadig ; Astarté, auguste épouse de Moabdar, comparée aux femmes qu'a connues Zadig, est « beaucoup plus belle que cette Sémire qui haïssait tant les borgnes, et que cette autre femme qui avait voulu couper le nez à son époux ». Les deux héros sont également intelligents, pleins d'esprit, qualité dont Voltaire fait l'équivalent de la beauté par une sorte de maxime :« cette envie de plaire qui est à l'esprit ce que la parure est à la beauté ». Et ils ont du cœur : Astarté est une « femme sensible » dont les discours sont « tendres ». Zadig sort des entretiens avec le couple royal « égaré, éperdu, le cœur surchargé d'un fardeau qu'il ne [peut] plus porter ».

Enfin, l'amour semble s'installer d'autant mieux ou plus profondément dans le cœur des héros qu'il naît **involontairement**. Lorsqu'ils s'en aperçoivent, il est trop tard car toute une **cristallisation** (au sens stendhalien) s'est déjà opérée. En ce qui concerne Astarté, « sa passion croissait au sein de l'innocence », ce qui n'en fait donc pas d'abord une femme adultère. Mais c'est sa position de reine qui va renforcer ses sentiments puisqu'elle ne cesse de vanter Zadig et que ses suivantes, en bonnes dames de la cour, s'empressent d'en dire encore plus de bien.

L'amour est cependant décrit par Voltaire à travers les bouleversements qu'il impose à l'individu. Cette passion se déclare par un **certain nombre de signes** et d'ailleurs c'est ainsi que le roi la découvre ; et Cador affirme que « les passions ont des signes auxquels on ne peut se méprendre ». Ces signes extérieurs sont les cadeaux offerts par la reine, ses éloges de Zadig au roi et à ses suivantes. Ce sont surtout des changements de physionomie qui manifestent **le trouble de l'amour**. En premier lieu, les regard sont significatifs, et évoqués à plusieurs reprises par Voltaire : « ses regards, qu'elle voulait détourner » ; pour Zadig, quand « ses regards se tournaient vers Astarté, ils rencontraient ceux de la reine mouillés de pleurs, dont il partait des traits de flamme ». D'autres troubles se remarquent ensuite : les yeux de Zadig « se couvraient d'un nuage », le front de la reine « se couvrait de tent de rougeur » ; les deux amoureux sont pris de rêveries subites et leurs discours deviennent incohérents. Cador traduit cela en expliquant à Zadig qu'Astarté « néglige des dehors nécessaires ». En effet, par négligence, ces signes de l'amour sont confondus avec des signes de culpabilité : l'incohérence des propos pour de la gêne, la rougeur pour de la honte, les regards pour une complicité coupable. Et les coïncidences de couleur de babouches ou de coiffures deviennent naturellement « de terribles indices pour un prince délicat ».

## Les effets négatifs de l'amour

On peut constater que la plupart des signes de l'amour, sorte de langage de la passion, vont dans le sens de la démonstration de Voltaire : l'amour est un **sentiment dangereux**. Il le dit dès la première ligne du chapitre dans une antithèse* marquante : « Le malheur de Zadig vint de son bonheur même ». En raison de la situation, les héros ne peuvent s'aimer, mais leur amour lui-même, « crime involontaire », est un crime de lèse-majesté (« la majesté souveraine violée »). Cependant, dans la naissance de leurs sentiments, tout n'est qu'inquiétude. L'amour est désigné par le stéréotype* du feu (« nous brûlons d'un feu que nous condamnons »), il est donc à l'origine d'une « vive douleur ». Voltaire file la métaphore* puisque Zadig se confie à Cador pour lui « faire connaître son mal par un cri qu'un redoublement aigu lui arrache, et par la sueur froide qui coule sur son front ». **L'amour est une maladie.**

Car ce n'est pas seulement parce que l'amour est impossible qu'il est malheureux, **il trouble également la raison** : Zadig est beaucoup moins maître de lui et habile qu'à l'ordinaire, et là Cador l'emporte ; il est « égaré, éperdu », et a perdu sa belle philosophie dont il n'a obtenu « aucun soulagement ». Quoique puisse dire Cador, Zadig n'est pas mieux placé qu'Astarté pour cacher sa passion et la combattre. Et lorsqu'il doit s'enfuir, sa faiblesse est marquée à plusieurs reprises par Voltaire ; il est incapable de parler, s'évanouit et Cador doit le forcer à agir. Cet effet négatif de l'amour est visible sous un autre aspect, chez le roi, car la jalousie fait du despote éclairé qui avait sauvé Zadig un être totalement différent. Voltaire souligne qu'il est lui aussi « troublé » et à quel point la jalousie et la colère l'aveuglent, à l'aide de figures de construction, parallélismes et antithèses :« Il crut *tout ce qu'il voyait*, et imagina *tout ce qu'il ne voyait point* » ; « Les *soupçons* se tournèrent en *certitude* dans son esprit aigri ». Et le roi, mû par cette sorte de passion, devient un criminel, car, pour se venger, il décide de faire empoisonner la reine et d'étrangler Zadig. Mais il semble que cela soit chez lui comme une habitude, puisqu'il confie cette tâche à « un impitoyable eunuque, exécuteur de ses vengeances ».

Voltaire est loin ici de la satire ou du pastiche ; il décrit, plus précisément qu'on ne s'y attendrait dans le cadre du conte philosophique, les affres de l'amour. Et son intérêt pour la psychologie, plus marqué qu'on ne l'a souvent dit, permet à Zadig et à Astarté de devenir de véritables personnages, et à la reine d'être l'héroïne du conte à l'égal de Zadig.

### La satire et l'humour

La **destinée de Zadig** est, depuis le début, soumise au hasard et au bon plaisir du souverain. Même si ce schéma se répète, l'humour vient de ce qu'un nain – muet de surcroît – analphabète sauve la reine et Zadig au moyen d'un dessin en forme de rébus, moyen d'autant plus saugrenu qu'il lui faut « une partie de la nuit » pour l'exécuter. Ce dessin est décrit fort précisément avec toutes ses couleurs et dans l'ordre des événements à venir. Mais il est absurde puisque les jarretières bleues se confondent avec le cordeau bleu qui doit servir à étrangler Zadig, et avec les babouches bleues qui ont excité les soupçons du roi : peut-être cet élément souligne-t-il le rôle joué par Arimaze et sa femme dans la ruine du héros ; il n'en est pas moins ridicule sans doute de dessiner la jarretière de la reine. On voit là le goût des jeux de cour (le rébus) et des situations scabreuses.

**L'humour satirique** intervient également dans les quelques traits qui désignent la **cour** : Cador, en homme averti, propose tout naturellement à Zadig de consommer l'adultère avec la reine car « un amour satisfait sait se cacher ». D'ailleurs Cador a raison puisque l'honnêteté de Zadig, soulignée de façon hyperbolique* par une antithèse* (« jamais il ne fut plus fidèle à son prince que quand il fut coupable envers lui d'un crime involontaire »), aboutit à sa condamnation. Mais l'attitude de Cador, capable de faire échapper son ami par « une porte secrète du palais », montre que l'hypocrisie doit l'emporter dans ce milieu. Ainsi, les courtisans eux-mêmes, quoique désignés sous le terme d'« esclaves des rois et des reines », semblent tout prêts à intervenir avec perversité dans leur intimité : ils sont « espions de leurs cœurs » et « pénètrent » leurs intentions, ou, comme l'envieux et l'envieuse, se servent du roi pour parvenir à leurs fins dans leurs vengeances personnelles. Le pouvoir du roi ainsi manipulé, est moins clair, et il semble bien que ce soit à la cour et à ses cabales, dont il eut à souffrir à cette époque, que Voltaire s'attaque.

C'est pourquoi il faut s'attacher à la **méditation finale** de Zadig, porte-parole de l'auteur. Le bien semble si peu régner sur ce monde que tout paraît illogique : Astarté, qui n'est pas coupable, doit mourir ; les bonnes actions sont mal récompensées ; à l'inverse, les méchants sont heureux et sont les plus nombreux. La vision donnée ici de la vie est bien pessimiste puisque Zadig, pris dans « l'excès d'un sombre désespoir », se révolte contre ses principes : la vertu et le bien.

Il y a une certaine ironie dans les récriminations car il semble que Voltaire **pastiche** ici **le style pathétique des romans**, où l'amour se heurte généralement à de nombreux obstacles : l'hyperbole désignant la bien-aimée de Zadig, « la plus aimable et la première reine du monde », est amusante car ce n'est pas la métaphore* convenue, puisque Astarté est effectivement une reine ; le style est de façon générale emphatique (« la destinée déplorable », « une source de malédictions », le « comble de la grandeur », « le plus horrible précipice de l'infortune ») et la dernière phrase décrit le héros par des épithètes très expressives mais stéréotypées (« réflexions funestes », « yeux chargés du voile de la douleur, « âme abîmée »). Pourtant l'ironie masque avec peine l'amertume, ce qui laisse à penser que Voltaire cherche aussi à **toucher le public sensible** du XVIII$^{e}$ siècle, et à s'attirer ses faveurs.

Le départ de Zadig marque une étape dans le conte. Placé à peu près au milieu, il termine brutalement la première ascension sociale du héros qui se solde par l'échec et la solitude. Il conclut également la série des critiques sur la cour et le pouvoir du despote.

## CHAPITRE NEUVIÈME : « La femme battue »

### RÉSUMÉ

En route, Zadig tente de se consoler en contemplant les étoiles. Mais le souvenir d'Astarté est plus fort que la philosophie. Arrivé en Égypte, il rencontre une femme qui ressemble un peu à Astarté, et qu'un Égyptien est en train de frapper parce qu'elle lui a été infidèle. Dans le combat singulier qui s'ensuit, Zadig l'emporte mais doit tuer l'Égyptien. Au lieu de lui être reconnaissante, la femme qu'il a sauvée le maudit pour avoir tué son amant. Zadig se désintéresse alors d'elle, alors même que des cavaliers babyloniens viennent l'enlever, croyant la reconnaître : malgré les appels de la belle, Zadig, découragé, poursuit son chemin.

COMMENTAIRE

### La consolation des étoiles

Le début de l'épisode poursuit la méditation de Zadig tout en rappelant Micromégas, habitant de Sirius. La contemplation des étoiles qui guident la route du héros amène le thème du destin, c'est-à-dire de la route que Dieu a tracée à chaque individu. La méditation entraîne Voltaire dans une **leçon de relativisme*** (« la terre, qui n'est en effet qu'un point imperceptible dans la nature », « les hommes tels qu'ils sont en effet, des insectes »). Mais l'amertume envers ses contemporains fait de la leçon une morale, proche de la « Prière à Dieu » *(Traité sur la tolérance)* ; Voltaire y insiste sur « notre cupidité » et sur l'image des « insectes se dévorant les uns les autres sur un petit tas de boue ». Zadig est momentanément apaisé par la « philosophie sublime » qui lui donne une « image vraie » de la vie et permet à son âme de « s'élancer jusqu'à l'infini ». Mais cette vision désintéressée de l'univers ne peut durer car il faudrait, chose impossible, se « détacher de ses sens ». Zadig amoureux n'est plus Zadig philosophe.

### L'héroïsme tempéré par l'humour

Malgré son dépit, Zadig est toujours un **héros chevaleresque** et courageux : il vient au secours d'une femme en danger, alors même qu'il ne pense qu'à Astarté. Sans doute la défend-il faute de pouvoir défendre sa bien-aimée. Mais Zadig se bat sans passion, raisonnablement, avec « sang-froid », par opposition à son adversaire « furieux » ; il se sert de son intelligence et de son adresse alors que l'autre est plus « robuste ». Et Voltaire prend plaisir à décrire un combat singulier, sorte d'affrontement de David et Goliath dont Zadig sort grandi car, une fois de plus, il a montré sa générosité et son sens de la justice par rapport à la méchanceté générale : quand il laisse la vie sauve à son adversaire vaincu, celui-ci en profite pour essayer de le tuer traîtreusement ; Zadig ne le tue donc qu'en légitime défense (« Il m'a forcé de le tuer »).

Dans cette description traditionnelle du héros au combat, Voltaire introduit quelques notes d'**humour**. Zadig se bat certes bravement mais non sans raison : après que l'Égyptienne s'est montrée ingrate, il refuse de la sauver des cavaliers qui tentent de l'enlever. De plus, sa galanterie s'est tellement refroidie qu'il va jusqu'à la menacer de la battre elle-même et qu'il la traite avec un certain mépris (« mais je n'en prendrai pas la peine » ; « À d'autres »). Le personnage de Zadig, jusqu'ici trop stéréotypé dans sa perfection morale et dans sa passion amoureuse, gagne en humanité et en **réalisme**.

### Un modèle négatif de la femme

L'épisode se termine sur l'« étonnement » de Zadig à propos du caractère de l'Égyptienne. Ce personnage qui réapparaîtra par la suite avec un rôle important pour l'action, est ambigu : déjà dans cet épisode, il n'a pas de nom. L'Égyptienne se caractérise essentiellement par sa ressemblance avec Astarté. Mais, contrairement à la reine – et Voltaire cherche cette opposition – elle est à la fois infidèle –, Zadig comprend au premier coup d'œil la raison de la colère et la dame l'avoue – et « extravagante ». En effet l'Égyptienne est parfaitement déraisonnable puisqu'elle souhaite la mort de celui qui lui a sauvé la vie et s'exprime dans les termes les plus excessifs : « Que tu meures scélérat [...] je voudrais pouvoir déchirer ton cœur » ; « Plût au ciel qu'il me battît ». C'est son seul plaisir ou son seul intérêt qui la guide puisqu'elle est prête à se donner à Zadig s'il la sauve à nouveau. L'Égyptienne, **antithèse d'Astarté**, est donc un modèle négatif de la femme, chargé de tous les clichés habituels : elle est changeante, frivole, sensuelle, dangereuse (Zadig a risqué sa vie pour elle et il est blessé).

## CHAPITRE DIXIÈME : « L'esclavage »

**RÉSUMÉ**

Dans la première ville égyptienne, Zadig est accusé d'avoir enlevé la belle Missouf et tué Clétofis. Écoutant sa défense, les Égyptiens reconnaissent qu'il n'est pas un assassin. Mais ayant tué un homme, Zadig doit devenir esclave. Il est acheté par Sétoc, un marchand arabe, qu'il suit. Zadig étonne rapidement son maître par son savoir en toutes choses et lui devient indispensable : il permet ainsi à Sétoc de recouvrer cinq cents onces d'argent prêtées à un Hébreu et devient célèbre en Arabie.

COMMENTAIRE

## La critique de l'esclavage

L'esclavage est le thème principal du passage annoncé de manière marquante par le fait que Zadig passe presque subitement du statut de riche favori du roi à celui d'esclave d'un marchand arabe. Ce type de revers de fortune est très fréquent dans le roman mais, au lieu de susciter une scène pathétique, il semble ici enrichir l'action.

Voltaire commence par expliquer la condition de Zadig, qui est devenu esclave pour avoir tué un homme. La justice égyptienne paraît infiniment plus « juste » que la justice babylonienne : Zadig peut en effet se défendre et la sentence ne vient qu'après ; les Égyptiens « alors justes et humains » admettent la défense, et appliquent la loi correspondant à son crime. Ceci est confirmé par la seconde partie du chapitre dans laquelle le système judiciaire aboutit à une sentence juste. Mais les circonstances qui conduisent Zadig à l'esclavage prouvent que **n'importe qui peut devenir un jour esclave**, quel que soit son statut social. L'esclavage n'est donc pas une malédiction héréditaire. Ainsi est-il impossible d'affirmer que les esclaves ne sont pas des hommes : « et pourquoi ne le serais-je pas comme un autre, puisque je suis un homme comme un autre ? », se demande Zadig. Pour insister sur ce point, Voltaire décrit la vente de Zadig comme esclave, et celle de son domestique. Aux enchères, son valet « plus propre à la fatigue », vaut plus cher que lui : les principes de naissance, de condition et de richesse (tout l'or de Zadig a été distribué aux habitants de la bourgade) qui président à l'évaluation sociale de l'individu n'ont plus de valeur ; Zadig doit, pour comble, obéir à son valet et Voltaire s'amuse à imaginer une hiérarchie dans l'esclavage (« esclave subordonné »). D'ailleurs le maître, Sétoc, favorise celui qui « chargeait bien mieux les chameaux », et dans un premier temps dédaigne Zadig. « Un sage » peut être bien utile, comme le montre le héros à son maître, mais pas comme esclave.

Cependant, Voltaire n'arrête pas là sa condamnation de l'esclavage. Il décrit les **conditions de vie de l'esclave** : l'esclave est d'abord un objet à vendre : « [Zadig] fut expos[é] en vente dans la place publique » ; puis il est attaché avec son compagnon par « une chaîne qu'on leur passa aux pieds » ; ce symbole de privation de liberté les assimile à des forçats ou à des galériens, conformément aux circonstances de leur esclavage. Cependant, Voltaire (par réalisme ?), admet que le maître qui paie cher un esclave ne peut trop le maltraiter, « s'il veut en tirer des services ». Or l'esclave est chargé de travaux pénibles : c'est pourquoi la santé et la force sont les critères importants. Sétoc part ainsi en voyage « avec ses esclaves et ses chameaux » et, lorsqu'un chameau meurt, sa charge est répartie sur le dos des esclaves. Remarquons également que la fin du chapitre met Zadig sur le même plan qu'une pierre, même si le sens a alors un peu changé : « L'esclave Zadig et la pierre furent en grande recommandation dans l'Arabie ». Dans l'opinion commune, les esclaves sont si proches des animaux et des choses que Sétoc pense à rire et non à compatir en les voyant courbés sous la charge.

Enfin, Voltaire aborde rapidement les **justifications de l'esclavage** : de par la fonction de marchand, Sétoc a besoin d'hommes pour l'aider dans son commerce. Cet argument, répandu dans l'opinion et débattu par les philosophes, est malicieusement repris par Zadig. Alors qu'il tente de consoler son valet de leur nouvelle condition, il s'en rend responsable, car il se croit maudit. Le résumé fataliste* de ses malheurs aboutit à cette affirmation : « il faut bien que les marchands arabes aient des esclaves ». Certes une telle loi n'a de valeur que dans le cadre d'une Arabie imaginaire, celle des *Mille et Une Nuits*. Et l'on peut dire que la formule « il faut bien » est très ironique et fonctionne par antiphrase. Mais cette loi perd toute valeur lorsque Zadig se met à énumérer les « malheurs de [sa] destinée » car toutes les situations qu'elle évoque semblent absurdes. Par exemple :« j'ai été envoyé au supplice parce que j'avais fait des vers à la louange du roi » ; si cette situation est absurde, l'esclavage doit l'être aussi.

Le réquisitoire deVoltaire est donc complet ; mais il n'en découle pas un pessimisme absolu : en effet, Zadig sort peu à peu de sa condition d'esclave grâce à son mérite. Mais cela n'est possible que parce que les Égyptiens sont justes et humains. Le retournement de situation s'opère comme dans un conte : l'esclavage est seulement un obstacle de plus à lever, il n'est pas infranchissable.

### Le divertissement mondain

La seconde partie du chapitre démontre une fois de plus l'extrême ruse de Zadig en matière de justice ; son habileté ici à l'œuvre est l'occasion d'un divertissement pour le lecteur.

Comme dans un conte, **le problème et les personnages sont schématiques.** L'Hébreu « fripon » s'oppose au bon Égyptien, « en remerciant Dieu de ce qu'il lui avait donné le moyen de tromper un Arabe », dans une opposition traditionnelle que notre époque a toutefois souvent inversée. Mais le juif, en raison de sa fonction de prêteur ou d'usurier, était réputé cupide, et, pour les besoins de son anecdote, Voltaire se contente de stéréotypes. De même, Zadig demande à Sétoc de définir son adversaire selon la théorie des humeurs qui divise les individus en quatre catégories (le flegme, la bile, le sang...), selon que l'une des catégories l'emporte sur les autres. Or cette théorie des humeurs est déjà dépassée au XVIII$^{e}$ siècle ; elle renvoie à une situation identique à celles que Molière propose dans son théâtre. L'Hébreu est en effet un personnage comique : « de tous les mauvais payeurs, le plus vif », il remercie Dieu de sa chance, trop vite sûr de sa victoire. Enfin, Voltaire crée une véritable scène de comédie par l'usage des dialogues qui remplacent ici la narration.

La forme comique vient de ce que cette scène peut être jouée en public et rappelle la forme orale du conte. De plus, le problème soumis à Zadig est un cas d'espèce : les deux témoins d'un prêt d'argent étant morts, rien ne semble plus garantir le remboursement. Cette situation pouvait être sans doute proposée comme un problème à résoudre dans une réunion mondaine. Tout le plaisir vient de la solution originale trouvée par Zadig, qui résoud la difficulté sans effort en s'appuyant sur la psychologie. L'anecdote fonctionne donc à la manière d'une nouvelle. C'est la phrase finale, prenant la forme d'une conclusion presque morale, qui renvoie à la fable ou au conte.

Voltaire alterne ainsi le divertissement mondain et la critique sociale, politique ou religieuse. Jamais il n'abandonne cette alternance dans *Zadig*, car le conte est avant tout un genre destiné au divertissement.

## CHAPITRE ONZIÈME : « Le bûcher »

### RÉSUMÉ

Zadig passe du statut d'esclave à celui d'ami intime de son maître. Il découvre que celui-ci est certes plein de qualités, mais qu'il vénère les planètes. Il a cependant tôt fait de lui prouver que seul l'Être éternel doit être adoré. Bientôt, Zadig a l'occasion de s'insurger contre une autre coutume barbare : Almona, veuve d'un membre de la tribu de Sétoc, annonce qu'elle se brûlera en public sur le corps de son mari lors de la cérémonie du « bûcher du veuvage ».

Zadig convainc la jeune femme qu'elle veut agir pour les autres et par vanité. Celle-ci s'avoue finalement séduite par Zadig, plus que par ses arguments. Zadig se contente donc d'instituer une loi selon laquelle une veuve doit s'entretenir une heure avec un jeune homme avant de s'immoler, ce qui revient à abolir cette coutume.

### COMMENTAIRE

**Contre la superstition religieuse**

Zadig découvre que Sétoc, auprès duquel il joue le même rôle qu'auprès de Moabdar, est bien plus sage que son ancien maître – ne serait-ce que parce qu'il n'a pas de femme, suggère-t-il avec ironie, comme si la sagesse d'un homme dépendait de son commerce avec les femmes. Cette **sagesse pratique** est très exactement définie : « un naturel porté au bien, beaucoup de droiture et de bon sens ». Pourtant, elle n'exclut pas la superstition religieuse, puisque Sétoc vénère les étoiles. Zadig, porte-parole de Voltaire, cherche à lutter contre ce culte en démontrant qu'il ne s'appuie que sur des idées toutes faites. En effet, Sétoc développe plusieurs arguments pour défendre sa croyance : les étoiles sont avant tout « éternelles », elles animent la nature, elles sont très éloignées et pourtant très brillantes, donc puissantes. Ces qualités définissent assez bien une divinité, ce qui explique l'attitude de Sétoc. Mais Zadig montre à quel point cela est illusoire en comparant les étoiles à d'autres objets qui ont les mêmes caractéristiques et que l'on ne penserait pas à vénérer : la mer, un pays éloigné, des chandelles.

Cependant Voltaire ne s'arrête pas à la destruction des illusions : ce n'est pas un **athéisme*** qu'il propose mais un **déisme***. Effectivement, Zadig suggère qu'il y quelque chose de plus important ou de plus élevé que les étoiles et qu'il désigne du nom de « maître » : « j'adore ces chandelles, et je néglige leur maître et le mien », dit-il en se moquant de Sétoc. Car Voltaire ne peut se départir de la théorie du « grand horloger de l'univers », caché mais toujours présent, appelé ici « l'Être éternel », qui « a fait les créatures » (le Créateur). Certes, le fait qu'il ne lui accorde pas de nom précis à l'intérieur d'une religion, mais lui refuse celui de Dieu, dénote le scepticisme de Voltaire vis-à-vis des croyances instituées. De plus, il se sert de ce moyen pour critiquer à nouveau l'esclavage et toute forme de domination, ce qui pointe dans l'ambiguïté de l'expression « leur maître et le mien » : seul Dieu a un droit sur les hommes car il les a créés.

### Le « bûcher du veuvage »

Voltaire s'attaque à l'absurdité de certaines croyances et coutumes religieuses, c'est pourquoi suit l'épisode du « bûcher du veuvage ». En effet, les veuves se jetteraient sur le bûcher de leur mari décédé pour devenir des « saintes ». Cette cérémonie vient des Indes grâce à des prêtres, les « bracmanes » (brahmanes). Et l'on apprend plus loin, au chapitre 13, que les prêtres des étoiles en tirent profit. Cette coutume est décrite comme **barbare** (elle vient de Scythie dont les habitants étaient réputés très cruels). Almona avoue rapidement que cet « usage si barbare », cette coutume « affreuse », « horrible » et « si cruelle », « fait frémir la nature », c'est-à-dire qu'il est contraire à la nature humaine : il n'y a aucun « plaisir bien délicieux à être brûlée vive ». De plus un tel usage est dommageable aussi pour le genre humain, puisque des femmes disparaissent qui pourraient encore enfanter, comme le dit Zadig à Sétoc.

Pourtant, Voltaire s'efforce de montrer que la cruauté de cette cérémonie est d'autant plus paradoxale que c'est une

« fête solennelle », une **réjouissance publique**. Le réseau lexical de la cérémonie met en relief cette contradiction : chaque veuve devait « se brûler en public » ; « Almona fit savoir le jour et l'heure où elle se jetterait dans le feu au son des tambours et des trompettes ». On est loin du recueillement d'un enterrement. Mais c'est un paradoxe aussi dans le cas particulier d'Almona, puisque cette jeune femme n'aimait pas du tout son mari, « un brutal, un jaloux, un homme insupportable ». Cette cérémonie perd là aussi son sens puisque la femme ne suit pas son mari dans la mort par amour ou fidélité.

Cette démonstration est faite à deux reprises par Zadig, à Sétoc, puis à Almona. Si **les moyens de convaincre** et donc les arguments sont différents dans chaque cas, c'est qu'ils sont adaptés à chaque interlocuteur. Avec Sétoc, Zadig emploie le langage de la raison, car la « raison est plus ancienne », selon lui, que toutes les superstitions. Sétoc n'oppose que l'argument de l'usage : puisque cette coutume est vieille de mille ans, elle est devenue une « loi que le temps a consacrée ». Pourtant ses raisons sont absurdes et choquantes : « Y a-t-il rien de plus respectable qu'un ancien abus ? » est un énoncé profondément contradictoire. Avec Almona, Zadig fait appel aux sentiments et à la sensualité. Car, malgré son innocence feinte, la règle qu'il institue d'imposer un entretien en tête à tête d'une heure à chaque veuve ressemble fort à une entreprise de séduction. Et Almona se montre effectivement fort sensible au charme de Zadig – plus qu'à ses arguments d'ailleurs – puisqu'elle lui proposerait presque de l'épouser. Mais toutes les femmes feraient de même, ce que confirme la suite : « Depuis ce temps, aucune dame ne se brûla en Arabie ».

En fait, tout aboutit à une constatation fort critique : ces rites religieux, ces coutumes sociales sont une pure affaire de vanité. Les veuves veulent devenir des « saintes », ce qui est fort orgueilleux. Les tribus sont en concurrence les unes avec les autres, car le nombre de veuves brûlées désigne la plus vertueuse des tribus. Les tambours et les trompettes confirment cette opinion car une vraie bonne action se passe de publicité. D'ailleurs l'absence d'humilité est caractéristique du faux dévot : ce n'est pas un hasard si Almona est qualifiée de « fort dévote », appellation ici ironique puisque Almona ne se tue pas par dévotion, on l'a vu. Mais la jeune veuve l'explique avec un certain cynisme inconscient : « Je suis dévote ; je serais perdue de réputation, et tout le monde se moquerait de moi si je ne me brûlais pas ». **L'hypocrisie règne** donc dans cette société où Zadig conclut qu'on se brûle pour les autres et par vanité. Mais l'hypocrisie vient ici encore d'une mauvaise compréhension de la religion. Une simple loi permet en effet de la réformer.

Voltaire fait donc la critique de certaines pratiques religieuses, sans s'arrêter à la satire, mais en poussant la démonstration assez loin. Celle-ci est d'autant plus intéressante qu'elle reste actuelle et nous touche d'assez près, dans la mesure où la cérémonie du bûcher pour les veuves, quoique interdite, se pratique encore dans certaines provinces indiennes.

## CHAPITRE DOUZIÈME : « Le souper »

### RÉSUMÉ

Zadig, devenu tout à fait indispensable, suit Sétoc à la grande foire de Balzora, lieu de rencontre des négociants du monde entier. Zadig y voit l'image d'une communion universelle mais il est vite amené à déchanter : les convives d'un repas auquel il a été convié s'opposent par des coutumes religieuses plus stupides les unes que les autres. Ils adorent qui un bœuf, qui un poisson, qui la lumière et le ciel, qui le chaos, qui Teutah et le gui de chêne, et, arguant de l'ancienneté de leur croyance, s'apprêtent à s'entretuer. Zadig évite la dispute et les met d'accord. Il leur fait admettre que, du bœuf au gui de chêne, l'objet de leur vénération n'est que le symbole d'une puissance divine. Tous le félicitent mais, au retour de la foire, un nouveau procès l'attend.

### COMMENTAIRE

Tout naturellement, après cette introduction critique sur les religions et sa prise de position déiste, Voltaire engage une discussion métaphysique et religieuse. Le prétexte d'un souper dans une ville située au carrefour de grandes routes commerciales permet de réunir les ressortissants de pays très éloignés les uns des autres et encore plus éloignés du nôtre. Pourtant ce n'est pas une leçon de relativisme qui est donnée car, malgré des différences apparentes, tous les invités réagissent de la même façon en vénérant une divinité, quel que soit son nom, et tous sont prêts à s'entretuer pour elle.

Voltaire nous propose une situation qui invite à la discussion. C'est lors d'un souper que des hommes du monde entier confrontent leurs croyances. Cette situation sociale est favorable au débat philosophique, à l'échange des idées, comme le pensent les philosophes des Lumières, amateurs de conversations de salon et des cénacles. Le chapitre abandonne ainsi la narration pour le dialogue.

Cette discussion est d'abord envisagée comme une circonstance idéale par Zadig, « et même une consolation sensible de voir tant d'hommes de diverses contrées réunis dans la même place. » : « Il lui paraissait que l'univers était une grande famille... ». La fraternité universelle doit découler en effet de l'échange des points de vue qui fait surgir les Lumières. Aussi Voltaire, par goût pour l'histoire, s'est-il intéressé à plusieurs reprises à l'Orient et à l'Extrême-Orient ici représentés, notamment dans l'*Essai sur les Mœurs et l'Esprit des Nations*, en cours de rédaction. Il cherche à établir que l'homme est le même partout, que des civilisations ont brillé sans l'aide du christianisme. Cela remet en cause l'idée de barbarie. Ainsi, Voltaire prend garde de représenter ici les plus grandes civilisations : classiques (un Égyptien, un Grec, et un Chaldéen), orientales (un Indien gangaride, un habitant du Cathay dit aussi de Cambalu), « occidentales » (un Celte, descendant des envahisseurs barbares, les Scythes, qui est sans doute un Gaulois). **La comparaison des civilisations et croyances** se fait dans le temps (l'Antiquité) et dans l'espace.

Le but est de montrer le caractère relatif des croyances en les montrant toutes identiques. Seul le nom de Dieu change, car la langue change. Mais Voltaire inverse sa démonstration **en dépréciant les représentants des civilisations**, ce qui déprécie leurs croyances. Tous sont plus ridicules les uns que les autres. L'Égyptien tente de mettre en gage la momie de sa tante. L'Indien, qui croit en la métempsycose, imagine que l'esprit de cette femme se trouve dans une poule bouillie. Le Chaldéen croit qu'un poisson à tête d'homme a pu avoir des enfants. Le Celte dit que ses ancêtres, cannibales, furent des hommes de bien, et, en plus, il a trop bu. Tous sont coléreux, vaniteux (leur culture est toujours la plus ancienne), et manifestent le plus grand mépris pour leurs voisins : « Faire cuire des poules, c'est outrager manifestement la nature. » ; « Brama nous avait défendu de manger des bœufs avant que vous vous fussiez avisés de les mettre sur les autels et à la broche. » ; « Voilà un plaisant animal que votre Brama, pour le comparer à Apis ! » ; « Vous êtes de grands ignorants tous tant que vous êtes ! ». Tous sont donc **fanatiques** ou sectaires.

Il est vrai que **les croyances exposées sont absurdes** : la plupart vénèrent des animaux (bœuf, poule, poisson) ; le plus brutal, le Celte, vénère même le gui de chêne ; le Grec croit en quelque chose d'incompréhensible, le chaos, qu'il ne comprend pas lui-même, mais dont il « parl[e] longtemps », ce qu'on sent ennuyeux. Ils se disputent d'ailleurs sur des interdits alimentaires dont on sait ce qu'ils valent depuis l'affaire du griffon (chap. 4), auquel le poisson Oannès ressemble un peu. Seul le Chinois paraît plus raisonnable à Zadig, car il vénère la lumière et le ciel, noms métaphoriques de la raison et de Dieu. On voit que se mêlent ici des religions et des philosophies, les unes étant fort proches des autres. Voltaire semble, à travers la conciliation réussie par Zadig, s'attaquer moins aux religions et à leurs préceptes, qu'à l'igorance et au fanatisme de leurs adeptes. Cependant le chapitre se termine ironiquement sur l'annonce du prochain supplice que des prêtres veulent faire subir à Zadig.

La situation de comédie créée par Voltaire vire au drame sous nos yeux : une aimable réunion se termine presque en pugilat, par les provocations d'un ivrogne (« si quelqu'un parlait mal de Teutah, il lui apprendrait à vivre »), si bien que « Sétoc vit le moment où la table allait être ensanglantée ». Voltaire fait allusion ici aux **querelles religieuses** qui ont souvent dégénéré en guerres de religion. Zadig apparaît une fois encore non seulement comme un homme raisonnable, mais comme un salvateur (« il adoucit les esprits échauffés »). Pourtant, même si son héros n'apporte encore une fois aucune réponse, ne prend pas parti, l'auteur développe un discours philosophique assez ambitieux puisqu'il s'agit d'un questionnement ontologique.

En effet, à travers les vénérations des différents peuples, les théories sur **les origines de l'univers** sont exposées. Certaines supposent un principe divin, l'existence d'un créateur. Ainsi Zadig explique : « vous n'adorez pas ce gui, mais celui qui a fait le gui et le chêne ». Voltaire refuse de lui donner un nom, car la situation montre que toute identification est source de conflits. Il parle ici d'un « premier principe », d'un « Être supérieur, de qui la forme et la matière dépendent ». Le déisme* est sensible car Zadig préfère le Chinois, qui a souligné un principe rationnel – « Li » signifierait dans sa langue, « lumière naturelle, raison » –, et le Grec, même s'il est ridicule, dont le chaos est à la fois abstrait (« je n'ai pas trop bien compris les choses admirables que le Grec a dites ») et matériel (« la forme et la matière ont mis le monde dans l'état où il est »). Le personnage du Grec est sans doute une référence lointaine au matérialisme d'Épicure.

La discussion fait aussi référence aux autres interrogations métaphysiques auxquelles les religions tentent d'apporter une réponse. Il s'agit de **l'existence de l'âme** et de **la vie après la mort**, que défendent, même différemment, l'Égyptien et l'Indien. Là, Voltaire ne s'engage pas à défendre la transmigration des âmes ou à admettre la théorie matérialiste du Grec. Il s'en tire par une pirouette comique puisque le Celte admet que ses ancêtres ont pu manger quelquefois des hommes alors que ses voisins se disputent sur le fait de manger une poule qui a peut-être abrité une âme.

Reste donc tout de même que la religion est chargée habituellement de mener à bien **quelques tâches essentielles**. Certains interdits semblent encore raisonnables, car rien ne justifie de vénérer une plante (le gui) et de manger des hommes. La religion a aussi pour fonction de transmettre un savoir (« C'est lui qui a appris aux hommes à lire et à écrire, et à qui toute la terre doit le jeu des échecs » et les almanachs) ; elle se confond alors avec la philosophie. D'ailleurs le Chinois et le Grec, les plus sages, paraissent fort savants. Enfin, la religion est le fondement des dynasties puisque les rois de Chaldée furent d'abord les enfants du poisson Oannès.

Si ce chapitre définit le déisme de Voltaire, on voit que son attitude est encore ambiguë. Critique envers les religions, toujours intolérantes selon lui, il évite de traiter des religions judéo-chrétiennes, ce que lui permet le contexte faussement oriental. D'ailleurs, Zadig, écoutant en silence avant de séparer les opposants, ne dit rien de ses croyances babyloniennes.

## CHAPITRE TREIZIÈME : « Les rendez-vous »

RÉSUMÉ

Une cabale s'est formée en l'absence de Zadig : les prêtres des étoiles, qui tiraient grand profit des « bûchers du veuvage » puisque les veuves leur léguaient leurs bijoux, veulent se venger. Aussi, accusé d'une hérésie particulièrement grave (il aurait dit que les étoiles ne se couchent pas dans la mer), Zadig est-il condamné à être brûlé à petit feu dès le lendemain. Mais Almona, reconnaissante, décide d'agir dans la nuit : parfumée et parée, elle séduit le chef des prêtres par un lent dévoilement de ses charmes. Elle fait de même avec trois autres prêtres et leur soutire une signature sur un acte d'indulgence en faveur de Zadig, contre la promesse de ses faveurs et un rendez-vous. Ensuite elle convoque les juges chez elle, et explique comment elle a obtenu les signatures des prêtres, enfin réunis et honteux. Zadig sauvé, Almona épouse Sétoc. Zadig décide alors de partir, préoccupé par Astarté et méditant toujours sur les bizarres mésaventures de son destin.

COMMENTAIRE

### Le portrait d'Almona

On peut remarquer d'abord que cet effacement du personnage principal permet de transférer les qualités de Zadig sur Almona. Ce personnage déjà sympathique démontre en effet une habileté proche de celle du héros : elle aussi se montre apte à révéler la vérité et procède par l'épreuve des faits, qui seule dévoile le caractère véritable des individus. On pense d'ailleurs à la ruse qui permit à Zadig de faire rendre à son maître les cinq cents onces prêtées. Almona est bien la représentante d'une sagesse pratique, elle qui prend bien soin de rassembler des preuves en faisant signer à chaque pontife un papier où il renonce à son accusation.

Pourtant, ce n'est pas la raison qu'utilise Almona, mais des arguments bien autrement féminins. En fait elle s'évertue à séduire les prêtres inquisiteurs en se servant de ses charmes comme si c'était là le seul moyen d'agir pour une femme. Voltaire fait d'ailleurs à ce propos une remarque non exempte d'ironie : « voici comme elle s'y prit en femme charitable et prudente. » Ainsi, en tant que femme, elle semble particulièrement apte à feindre (« Elle se laissa vaincre ») et sait devenir rapidement « femme fatale ». D'ailleurs la conclusion de l'épisode souligne le triomphe d'Almona en termes ambigus : Sétoc est « si charmé de [son] habileté » qu'il l'épouse et Zadig célèbre sa « belle libératrice » ; les termes « charmé » et « belle » suggèrent que ce n'est pas sa sagesse qui est louée.

En effet, le chapitre nous offre un **véritable spectacle de « striptease »** dont les étapes sont plaisantes pour le lecteur averti. Des détails nous décrivent assez précisément les moyens de séduire (le parfum et les riches vêtements de soie) et le dénudement progressif : les bras nus, la gorge et le sein, le visage. Mais ce dévoilement ne paraît pas trop scabreux dans la mesure où il est répété trois fois et se fait devant des « vieillards vénérables » auxquels on ne peut croire que la belle cèdera. En fait, on pense à deux scènes de « voyeurisme » célèbres de la Bible, souvent consacrées par la peinture : Suzanne au bain observée par les vieillards et Salomé effectuant la danse des sept voiles devant le roi Hérode pour obtenir la tête du prophète Jean-Baptiste. La fin que poursuit chacun des prêtres est exprimée de façon très contemporaine, avec le raffinement des Lumières : « Vous me trouverez sur un sofa couleur de rose, et vous en userez comme vous pourrez avec votre servante. »

Ce dévoilement offre aussi à Voltaire l'occasion de démontrer sa virtuosité dans le maniement des images poétiques traditionnelles de la femme. La description d'Almona nous frappe d'abord par les qualificatifs hyperboliques* qui la ponctuent : ses bras sont « d'une forme admirable et d'une blancheur éblouissante », son sein est « le plus charmant que la nature eût jamais porté ». Des comparaisons et métaphores vont dans le même sens (« Un bouton de rose sur une pomme d'ivoire »). Mais ce portrait est très **stéréotypé** et on croit retrouver la poésie de la Pléiade, l'art du blason, dans l'énumération des parties du visage : les yeux, les joues (le teint), le nez, les lèvres. Insistons sur le fait que la comparaison des dents avec des perles est surfaite. Mais d'autres comparaisons, absurdes, révèlent la vanité d'un soi-disant style oriental (la tour du Liban) et la satire peut-être du roman pastoral (les agneaux sortant du lavoir, le blanc du lait le plus pur). Sans doute les poncifs sont-ils ici nombreux parce qu'ils expriment les pensées libidineuses des « vénérables vieillards ».

### La satire des prêtres

Dans ce chapitre, elle perd son mordant pour devenir simplement comique, comme si le prestige des religieux avait été définitivement abattu.

L'ironie est d'abord produite par la reprise de thèmes déjà traités, comme la sensualité des prêtres. Mais, ici, cette sensualité **se heurte au discours moral**, sans doute répandu par ces mêmes prêtres dont Almona reprend et pastiche les termes pour démontrer que leur discours est hypocrite. Le champ lexical dénote la morale : « scrupules », « peur d'avoir commis un péché énorme », « mon cher mari », « une chair périssable », mais les gestes d'Almona et surtout les réactions des pontifes (« ses yeux le dirent et sa bouche le confirma », « Il fit en bégayant une déclaration tendre », etc.) la contredisent. L'opposition entre les apparences et la réalité est confirmée lorsqu'on compare les démonstrations d'ardeur religieuse des inquisiteurs au début du passage et leur attitude par la suite : d'abord « ils [sont] prêts de déchirer leurs vêtements » par colère (ce qu'ils ne [font] pas), puis s'apprêtent à se dévêtir par concupiscence (« Il employa le reste du jour à se baigner... »). Le chapitre offre sa morale sur ce point, puisque les manœuvres des prêtres prêts à vendre leur indulgence sont révélées aux juges et en public (les uns aux autres) : il ne leur reste que la honte, la pire des punitions.

Autre thème répété et utilisé malicieusement, celui de **la vénération des étoiles**, puisque l'astrologie (synonyme longtemps d'astronomie) était une spécialité des savants orientaux. L'accusation qui se porte faussement sur Zadig concerne à la fois sa lutte contre ces superstitions et son désir de rationalisme. Les prêtres paraissent particulièrement dépassés, pour ne pas dire rétrogrades, lorsqu'ils défendent l'idée que les étoiles se couchent dans la mer : Voltaire rappelle ici le rôle de la religion catholique dans la censure des idées de Galilée sur le mouvement de la Terre par rapport au Soleil. Plus avant, le lexique des étoiles est repris dans les titres du grand pontife, parfaitement ridicules, « Fils aîné de la grande Ourse, frère du Taureau, cousin du Grand Chien », dont l'approximative gradation* décroissante exprime le jugement dépréciatif, puisque le prêtre n'est ni un homme, ni un animal très noble, mais comparé au chien. Enfin, les étoiles reparaissent pour ne plus marquer que l'heure des rendez-vous galants (Sheat, Algénib, puis deux autres étoiles non précisées).

Cette dépréciation des discours religieux aboutit à **la déconsidération des prêtres eux-mêmes**. Choisissant un procédé de comédie, et s'appuyant sur leur âge vénérable, Voltaire remet en cause leur virilité pour mieux s'en moquer (ce qu'il avait déjà évoqué pour « l'envieux »). Car leur fanatisme religieux et la violence dont ils sont capables s'opposent à la faiblesse de moyens physiques dont pourtant ils présument. Déjà, en déclarant sa flamme, le premier grand pontife, sans doute sénile mais qui pense avoir encore vingt ans, « bégaie ». Lui-même se « défie de ses forces » et use de remèdes aphrodisiaques qui sont une preuve de plus de sa superstition, car il ne s'agit que d'épices et de cannelle. Ces prêtres sont donc séniles et aveugles, puisqu'ils pensent séduire une jeune femme (« Elle se laissa vaincre ») sans comprendre qu'elle les attire dans un piège : la femme l'emporte ici ; elle est la plus forte.

## CHAPITRE QUATORZIÈME :« Le brigand »

### RÉSUMÉ

Aux frontières de la Syrie, près d'un château fort, Zadig est attaqué par des brigands de grand chemin. Malgré leur nombre, Zadig et son valet se battent vaillamment. Leur courage émeut Arbogad, maître du château et des brigands, qui les sauve au dernier moment et invite Zadig chez lui. Ce voleur est avide, débauché mais plein de franchise. Lors du souper, il finit par conseiller à Zadig de s'enrôler dans sa troupe et lui vante la vie qu'il mène. Or, racontant comment il s'est enrichi par la corruption générale, Arbogad apprend à Zadig que Moabdar, devenu fou, a été tué et que Babylone est sans maître. Mais Zadig est uniquement préoccupé par le destin d'Astarté dont Arbogad, qui méprise les femmes, lui dit qu'elle est peut-être devenue la concubine d'un prince d'Hyrcanie. Bouleversé, et profitant du désordre du lieu, Zadig part.

## COMMENTAIRE

### Arbogad, un personnage contrasté

Le chapitre, totalement consacré au portrait d'Arbogad, chef des voleurs, est divisé en trois parties : la première montre de nouveau la vaillance de Zadig, aux prises avec des brigands de grand chemin, qui veulent son argent et le réduire en esclavage ; la deuxième est constituée par le récit de la vie d'Arbogad au cours du souper ; la troisième narre les réflexions qu'en tire Zadig et la fuite de celui-ci.

On remarque dès le début qu'Arbogad n'est pas exempt d'une certaine grandeur : admirant le courage de Zadig, il lui laisse la vie sauve (« il vint lui-même écarter ses gens »), l'invite à sa table, et l'apprécie beaucoup. D'ailleurs, il ne montre pas d'agressivité ni d'amertume particulière ; il explique simplement pourquoi il a choisi cet état sans être vraiment mauvais au départ. Gai, c'est plutôt un personnage sympathique (« plein de franchise »), une sorte de bon vivant dont la débauche ouverte (« il buvait avec tant de courage ») contraste avec l'hypocrisie des prêtres. Cependant, Voltaire souligne les **contradictions** de son caractère par des antithèses*, au début du deuxième paragraphe : « il volait avec une rapacité furieuse, et donnait libéralement », « intrépide [...], assez doux ».

Ces contradictions trouvent une expression dans le **cynisme** d'Arbogad lorsqu'il raconte sa vie de « seigneur brigand ». C'est son ambition, louable, de ne pas rester un simple domestique qui l'a conduit au métier de voleur, qu'il défend et conseille à son invité. Il justifie donc ses premiers actes criminels comme une manière de lutter contre l'injustice qui l'accablait et d'établir un système de répartition égalitaire des richesses : « ainsi je fis cesser peu à peu la disproportion qui était d'abord entre les hommes et moi. J'eus ma part aux biens de ce monde [...] ». Le fait permet ainsi, selon lui, de remédier à un droit défaillant : « J'acquis ce château par voie de fait », dit-il, avec un jeu de mots sur « voie de fait » qui désigne, juridiquement, les coups portés criminellement avec intention de blesser.

Le vol dont il a fait un système bien rôdé (*cf.* la hiérarchie des voleurs), et le crime, comme la corruption, ne servent plus finalement qu'à protéger sa vie et ses biens, chèrement acquis, des menaces que font peser quelques tyrans, comme le satrape de Syrie et le roi Moabdar, qui sont sans aucun doute plus cupides encore que lui. Car le seigneur brigand témoigne d'un singulier **désintéressement** dans ses paroles, en particulier en ce qui concerne les femmes. Il ne garde pour lui aucune de celles qu'il capture, même s'il s'agit d'une reine comme Astarté. On ne sait si c'est par une cupidité où la misogynie l'emporterait (l'argent qu'on tire des femmes vaut mieux que l'amour ; elles sont trop dangereuses) ou si c'est par simple mépris des plaisirs dont il serait rassasié. Sa philosophie de la vie lui interdit du moins toute vanité, puisqu'il prouve que le rang n'est rien : une reine laide n'aurait aucune valeur à ses yeux. Il répète enfin qu'il est le « plus heureux des hommes » mais on ne sait s'il faut le croire, tant il est ivre et ne cesse de « faire des contes ». Du moins dort-il, contrairement à Zadig, d'un « sommeil tranquille », et reste-t-il pour le héros l'« heureux brigand » que la destinée favorise injustement.

Cependant, Arbogad n'est pas le personnage que Voltaire veut proposer pour modèle à son lecteur, même si le voleur affirme de manière équivoque : « ce métier-ci n'est pas mauvais ». Cela est perceptible à diverses reprises. D'une part, l'auteur emploie un vocabulaire péjoratif : « une rapacité furieuse » (proche de la folie), « débauché » ; une certaine vulgarité se dégage des plaisanteries et expressions du personnage et contraste avec ses attitudes de grand seigneur (« j'agrandis mes domaines ») : « je fus même dédommagé avec usure », « par voie de fait », « jamais la saison de voler n'a été meilleure », « il y a de beaux coups à faire encore », etc. D'autre part nous pouvons être choqués par le peu de valeur qu'Arbogad accorde à la vie humaine, ce qui condamne son métier : une foule de brigands assaille des individus seuls, puis on nous décrit l'exécution de quatre personnes qui doit convaincre un fonctionnaire (« un petit satrape ») de trahir son maître, enfin la mort d'Astarté lui importe peu (« peut-être est-elle morte [...] et je pense que vous ne devez pas vous en soucier plus que moi »). En fait, le voleur est très matérialiste, comme le montre la parabole du diamant : entasser de l'or et des terres est tout ce qui compte pour lui, comme le montrent ses arguments pour persuader le satrape. Il semble aussi qu'Arbogad doive sa situation à son courage et au hasard, non à son mérite. Son château, comme lui, est toujours dans une « confusion tumultueuse ».

La rencontre d'Arbogad est la dernière étape dans l'« étonnement » de Zadig devant l'injustice et l'indifférence de la destinée. Il n'a rien à répondre au tyran qui appartient à peine à son univers romanesque puisque, déjà, il ne pense plus qu'à la reine. Arbogad a fait avancer l'action en révélant à Zadig que l'obstacle (Moabdar) à son amour a disparu mais aussi en le poussant à retrouver Astarté dont le destin lui paraît bien incertain. Mais Arbogad, version négative du commerçant, n'est pas un simple instrument pour faire progresser l'histoire : sa philosophie pratique, sans être un modèle, est bien plus réaliste que les conceptions rationalistes et les rêveries amoureuses de Zadig, si bien que celui-ci, au moment de son triomphe, se souviendra de la leçon du grain de sable devenu diamant.

## CHAPITRE QUINZIÈME : « Le pêcheur »

**RÉSUMÉ**

Persuadé d'être le « modèle du malheur », Zadig arrive au bord d'une rivière. Il y rencontre un pêcheur qui se dit également le plus malheureux des hommes, car il a cessé d'être le « plus célèbre vendeur de fromages à la crème » de Babylone, et qui est sur le point de mettre fin à ses jours. Zadig l'arrête, et, compatissant, lui fait raconter son histoire, liée aux malheurs de Zadig lui-même et de la reine : ruiné par le non paiement de six cents fromages et par des frais de justice, abandonné de sa femme séduite par Orcan, ses derniers biens furent pillés et détruits lors de l'attaque d'un prince d'Hyrcanie. Il ne peut donner des nouvelles d'Astarté mais Zadig, sans se faire connaître, l'envoie se faire rembourser par Cador tout en lui donnant la moitié de ce qu'il a sur lui.

COMMENTAIRE

### Un chapitre parodique

Sans doute les lamentations de Zadig sur le destin et ses malheurs amènent-elles tout naturellement à une restriction de la part du lecteur toujours sceptique : « Cela pourrait être pire ». C'est à ce schéma qu'obéit le chapitre 15, qui permet d'avoir un premier regard vraiment critique sur le héros et ses malheurs « de conte ». La drôlerie vient donc de ce que le héros va pouvoir se contempler comme dans un miroir à travers la vie d'un autre individu qui se croit également « le plus malheureux des hommes », mais cet individu est un ancien marchand de fromages !

Tout le chapitre est donc une sorte de **parodie* tragi-comique** des aventures du protagoniste. Comme dans tout bon roman, l'action principale est redoublée par le récit de personnages secondaires ou tout à fait mineurs, qui croise l'action principale et l'éclaire.

Zadig en vient ainsi à sauver du suicide un homme dans lequel il reconnaît un compagnon d'infortune, un égal. Il le voit dans un premier temps en « pêcheur », appellation qui, par homophonie, est assez symbolique de l'intention du texte, d'autant que le personnage n'aura pas d'autre nom. Mais rappelons au passage que l'image du pêcheur tenant « d'une main languissante » son filet ou une ligne et levant les yeux au ciel est l'un des lieux communs des arts décoratifs du XVIIIe siècle. Or la méditation du pêcheur n'offre rien moins qu'une réflexion élégante et philosophique, car il dit, avec une précision grotesque, avoir été « le plus célèbre marchand de fromages à la crème de Babylone » comme si c'était la plus haute position, le plus grand bonheur auxquels on puisse aspirer. Autant les désirs et les réflexions de Zadig sont élevés, autant ceux du marchand en fromages sont bas et matériels. Il ne pense qu'à ses fromages impayés, à sa femme qui l'a trahi, à sa maison détruite et ne cesse de le répéter avec un entêtement comique. Voltaire se permet donc de **parodier la littérature morale** et une fable célèbre de La Fontaine dans une phrase d'allure proverbiale : « Deux malheureux sont comme deux arbrisseaux faibles qui, s'appuyant l'un sur l'autre, se fortifient contre l'orage ».

**Le marchand, un double de Zadig**

En effet, ce qui frappe surtout dans le récit du commerçant, c'est la **similitude** de ses aventures avec celles de Zadig, et les recoupements qui s'opèrent. Ainsi, le marchand de fromages à la crème a fait fortune grâce à la faveur qu'accordaient Zadig et la reine à ce produit ; ceux-ci accordaient leurs goûts même sur ce sujet puisqu'ils aimaient « passionnément » ces fromages, au point que Zadig en avait commandé six cents. Cette image de l'amour des deux héros est encore moins romanesque que ce qui nous a été suggéré sur des rubans et des babouches. De plus, la ruine des deux amants a entraîné dans son sillage la ruine du marchand, ce qui met l'accent sur la responsabilité individuelle des grands de ce monde. Ensuite, il subit, comme Zadig, la trahison de sa femme qui lui préfère Orcan ; mais les conséquences de cette mésaventure sont bien plus graves puisqu'il perd toute sa fortune en procès, ce qui n'est pas arrivé à Zadig, jeune homme dont la fortune pouvait le supporter. Enfin, sa maison saccagée par un prince hostile dont les troupes en guerre menacent bien plus le peuple que la noblesse, il ne peut même pas subsister (« Les poissons se moquent de moi comme les hommes : je ne prends rien, je meurs de faim »), alors que l'habileté de Zadig lui a permis de surmonter tous les obstacles. Pourtant les aventures du pauvre marchand ne peuvent prétendre au même héroïsme et au même intérêt que celles, identiques, du héros, ce qui redouble l'injustice du destin par celle du roman.

La leçon à tirer est claire : le malheur touche bien plus fortement et définitivement les hommes du peuple que les grands de ce monde et ceux-ci sont vraiment responsables du malheur général, ce que confirme l'action néfaste tant d'Orcan que du prince d'Hyrcanie. Cependant, et même s'il offre consolation, conseil, remboursement et protection au malheureux sans se faire connaître, Zadig réagit comme le marchand : il s'entête à ne voir que son propre malheur, s'enquiert avec insistance de la reine – ce qui choque un peu le marchand – et retourne à sa première opinion selon laquelle il est bien le plus malheureux (« Osmorade, vous vous servez de moi pour consoler cet homme ; de qui vous servirez-vous pour me consoler ? » ; « Plus malheureux que toi cent fois »). Il refuse de comprendre jusqu'au bout que le malheur du marchand est exactement identique au sien : il se targue d'être malheureux en amour, et non par l'argent, mais l'autre répond : « Orcan vous aurait-il pris votre femme ? ». Finalement, le tort de Zadig est de ressasser comme le marchand ses mésaventures et d'**accuser passivement son destin**.

L'anecdote a accru l'impression d'injustice et de malheur généralisés dans le monde et touchant toutes les classes sociales. Elle résume les maux principaux qui peuvent toucher l'homme : la ruine, la trahison amoureuse, la guerre, la famine, etc., avant de retrouver l'optimisme propre au conte.

## CHAPITRE SEIZIÈME : « Le basilic »

### RÉSUMÉ

Dans une prairie, Zadig remarque des femmes cherchant un « basilic ». Selon l'une d'elles, il s'agit d'un remède destiné à guérir leur maître, le seigneur Ogul, qui a promis d'épouser celle qui le trouverait. Pourtant l'une des femmes voilées ne cherche rien ; elle rêve en traçant des lettres sur le sable d'un ruisseau : Z, A, D, I, G. Le jeune homme reconnaît Astarté. Des effusions passionnées laissent bientôt place au récit de leurs aventures. Ainsi, on apprend comment Cador a protégé Astarté après la fuite de Zadig en la cachant dans une statue du temple d'Orosmade. On croit d'abord à sa fuite ; des courriers se lancent à sa poursuite mais saisissent une femme qui lui ressemble. Cependant, Moabdar est subjugué par cette fausse Astarté – c'est-à-dire Missouf – et l'épouse. Les caprices de la belle deviennent sans limite. Et, à Moabdar venu prier au temple, Astarté, dans la statue, fait des remontrances qui le rendent fou. Babylone se révolte alors et devient une proie facile pour le prince d'Hyrcanie, qui fait tuer Moabdar. À Missouf, ce prince préfère Astarté capturée qu'il destine à son sérail, méprisant son rang. Mais la reine décide Missouf à échanger leurs places et s'enfuit. Enlevée encore par Arbogad, elle est finalement vendue à Ogul dont la seule maladie réside, selon elle, dans sa gourmandise excessive. Zadig décide alors de se faire passer pour médecin. Il promet d'amener le basilic cuit en échange de la libération d'Astarté qu'il laisse partir à regret pour Babylone. Zadig cependant n'a pour tout basilic qu'un ballon avec lequel Ogul doit s'exercer et qui le guérit effectivement. Mais Zadig aurait encore manqué de se faire empoisonner par le médecin d'Ogul auquel il venait d'enlever son gagne-pain, si une lettre d'Astarté ne l'avait fait partir aussitôt.

## COMMENTAIRE

### Les hasards de deux destinées parallèles

Le chapitre est centré autour des **retrouvailles** des deux héros, qui constituent l'épisode essentiel d'un roman d'amour. Voltaire s'amuse à imiter le roman d'amour dans le décor, les personnages, les situations : le sérail renvoie aux *Lettres persanes* et aux contes pseudo-orientaux à la mode ; les belles femmes dispersées dans une prairie à la recherche d'un animal fabuleux composent une scène agréable à imaginer ; la description de l'inconnue méditant près du ruisseau sollicite notre curiosité et crée une sorte de suspense. Remarquons que nous suivons là le regard du héros qui va de la vue générale à cette petite scène qui attire son attention. Voltaire invente à son tour un de ces rebondissements qui rendent selon lui le roman si invraisemblable : Zadig parvient auprès de la femme voilée au moment où celle-ci écrit son nom, et elle n'est autre que celle qui occupe ses pensées. De la même manière, à la fin, c'est une lettre de sa bien-aimée qui sauve le héros. Ces hasards liés au thème de la destinée rappellent la logique irrationnelle qui préside au roman et rassemble ceux qui s'aiment à la fin, en une sorte de fatalité favorable.

### Un roman d'amour

À partir de là **Voltaire hésite entre le pur roman d'amour**, qui semble le séduire, **et la parodie distanciée du style romanesque**. Cela est évident dans l'action car les retrouvailles ne sont que temporaires. Zadig délivre Astarté et lui permet de repartir à Babylone, puis il est lui-même rappelé dans la capitale ; il y a là comme une accélération de l'action. Or, par un procédé encore proprement romanesque, le récit des aventures d'Astarté ralentit l'action. Ce type de récit à la première personne tend à toucher la sensibilité du spectateur, comme le montre un réseau lexical de l'attendrissement. Mais il est ponctué de passages rédigés avec humour. Sous le coup de la surprise, Astarté s'évanouit et Zadig est « privé de l'usage de ses sens ». Le rythme des phrases est solennel et redondant : la phrase « [elle] jeta un cri d'attendrissement, de surprise et de joie » décrit l'émotion d'Astarté par une gradation* ; l'anaphore* de « c'était » relayée par une autre gradation et le style indirect libre expriment celle de Zadig (« *C'était* Astarté elle-même, *c'était* la reine de Babylone, *c'était* celle que Zadig adorait et qu'il se reprochait d'adorer [...] »). Les poncifs deviennent nombreux et répétitifs : « tous les mouvements divers qui assaillaient à la fois son âme » ; « Il se jeta à genoux devant Astarté, et il *attacha son front à la poussière de ses pieds*. La reine de Babylone le relève [...] » (*cf.* « L'Épître dédicatoire ») ; « malheureuse et respectable reine » ; « À ces paroles il se jeta à ses genoux et les baigna de larmes. Astarté le releva tendrement [...] » ; le « tumulte de leurs âmes ». La parodie reste subtile mais elle est assez drôle quand Voltaire confronte le style du roman sentimental au « style de la raison ». Ainsi le cliché du torrent de larmes est discrètement présent dans : « [elle] le fait asseoir auprès d'elle sur *le bord de ce ruisseau* ; elle essuyait à plusieurs reprises ses yeux, dont les larmes recommençaient toujours à *couler*. » L'emphase du ton devient peu à peu suspecte jusqu'à une sorte d'apogée du style sentimental pour lequel Voltaire sollicite la culture et l'imagination de son lecteur : « Alors Astarté et Zadig se dirent *tout* ce que des sentiments longtemps retenus, *tout* ce que leurs malheurs et leurs amours pouvaient inspirer aux cœurs les plus nobles et les plus passionnés ; et *les génies qui président à l'amour* portèrent leurs paroles jusqu'à la sphère de Vénus ».

### Astarté vue par elle-même

Le récit d'Astarté permet aussi à Voltaire de **varier le point de vue** sur les malheurs de la fortune puisque c'est une femme qui les subit ici. Pourtant les aventures d'Astarté sont singulièrement semblables à celles de Zadig : menacée par la jalousie de Moabdar, elle survit, protégée par Cador, est en butte aux extravagances de Missouf, doit échapper au prince d'Hyrcanie, puis tombe aux mains d'Arbogad qui en fait une esclave et la revend à un seigneur pour son sérail. C'est la rencontre des mêmes personnages qui montre le hasard de deux destinées parallèles. Mais ce récit dresse également un portrait de la reine par elle-même, non par le regard de Zadig.

Ce portrait, positif jusqu'au bout – puisqu'une lettre d'Astarté sauve Zadig –, est marqué néanmoins par son **orgueil d'être reine**. Zadig la vénère en effet avant de l'aimer, ce dont il se sent peu digne (il se le reproche). Elle n'oublie pas que le roi fut « son mari » et l'appelle « Sa Sublime Majesté ». Elle garde sa dignité au point de ne jamais montrer – sinon à Zadig – son visage qui est comme sacré. Malgré une modestie surprenante quand elle compare ses charmes à ceux de Missouf, on sent une certaine hauteur dans la remarque : « [les courriers] ne doutèrent pas que cette femme ne fût la reine de Babylone ». En fait elle méprise un peu celle qui est à peine une « rivale ». Missouf, qui a subjugué Moabdar et est devenue sa femme, ne se comporte pas comme une reine à ses yeux : « C'est ainsi qu'elle gouvernait Babylone. Tout le monde me regrettait » ; ce n'est pas une « femme raisonnable ». Et face au prince d'Hyrcanie, c'est sa fierté plus que son amour qui est blessée car elle pense que le respect lui est dû mais c'est un préjugé : « J'avais entendu dire que le ciel attachait aux *personnes de ma sorte un caractère de grandeur* [...] qui osaient s'en écarter. » En fait toute l'histoire d'Astarté n'est pas le récit de son amour fidèle pour Zadig, malgré quelques rappels attendrissants. Elle a seulement cherché le plus souvent à retrouver non celui qu'elle aime mais son statut de reine ; d'où la phrase très ambiguë : « Quel état pour la première reine de l'univers, et, je dirais plus, pour un cœur qui était à Zadig ! » Et elle regrette toujours qu'on ne la reconnaisse pas pour ce qu'elle est : « Il m'a achetée sans savoir *qui j'étais* » (car Arbogad, qui en réalité s'en moque bien, se défie d'employer ce titre comme argument de vente).

Sans aucun doute Voltaire brosse ici un portrait ambigu car le statut social, la noblesse et la naissance ne peuvent à eux seuls définir un individu. Aussi les mésaventures infligées à Astarté prennent-elles un tout autre sens : c'est une leçon que lui donne le destin sur la relativité de la position sociale, et l'humilité qu'il faut avoir. Mais Astarté semble ne pas l'avoir compris, contrairement à Zadig qui admettait que, comme tout homme, il pouvait parfaitement devenir esclave. Astarté, malgré ses qualités morales (la sagesse, la sensibilité, l'élégance), et bien qu'elle soit une parfaite héroïne romanesque, digne de l'amour de Zadig, représente schématiquement une caste. Elle est un **personnage de conte**, sans évolution, mais utile à la démonstration.

### Une théorie médicale

La satire de la médecine et des médecins avait été ébauchée dès le chapitre 1. L'incompétence, c'est-à-dire l'incapacité de la profession à soigner réellement, est reprise ici par la recherche du basilic, animal fabuleux et donc aussi introuvable – et aussi inutile – que le griffon. L'absurdité de ce remède est soulignée par la prescription : le basilic doit être cuit dans de l'eau de rose. Mais **les médecins se fondent sur la sottise de leurs patients et les préjugés de tous** : toutes les femmes semblent croire à l'existence du basilic qu'elles cherchent, et que des femmes seules peuvent approcher. Rares sont ceux qui échappent à ces superstitions si ce n'est Zadig et la reine peut-être dont le ton est méprisant : « Pendant qu'elles cherchent *leur* basilic [...] ». Enfin les médecins profitent de l'ignorance, à moins qu'ils ne soient eux-mêmes ignorants puisqu'on apprend du portrait d'Ogul par Astarté que celui-ci n'est malade que de trop manger. La médecine n'est donc pas un art (et Voltaire emploie ici un vocabulaire platonicien) : pour Zadig, « faire subsister ensemble l'intempérance et la santé est un art aussi chimérique que la pierre philosophale, l'astrologie judiciaire et la théologie des mages ».

Cependant la critique va plus loin. Le médecin profite non seulement des faiblesses humaines mais il exploite ceux qui souffrent, comme le font les prêtres dans d'autres chapitres. Astarté dit que le médecin d'Ogul « n'a que peu de crédit auprès de lui quand il digère bien, [et] le gouverne despotiquement quand il a trop mangé ». Ceci suggère que le médecin, au lieu de guérir, cherche à maintenir son patient en mauvaise santé, ce qui est plus rentable pour lui. Ce **paradoxe du médecin dangereux pour ses patients** (*cf.* les saignées chez Molière) aboutit à la tentative d'assassinat perpétrée par le « premier médecin d'Ogul » (il en a donc plusieurs !) et l'apothicaire (le pharmacien). Ils ne sont pas dupes de leurs procédés puisqu'ils pensent – c'est un discours indirect libre – « envoyer Zadig chercher des basilics dans l'autre monde », seul endroit où on pourrait en voir.

Zadig est en effet « un homme dangereux pour la médecine », si l'on entend par ce terme les pratiques abusives jusqu'ici décrites. Pourtant il s'est présenté à Ogul comme un médecin, ce qui montre que le titre importe (mais aussi que tout le monde peut prétendre l'être). Il utilise quelques formules assez creuses mais typiques : « Que la santé immortelle descende du ciel pour avoir soin de vous tous vos jours ! » ; il reprend le terme de basilic, pour désigner le remède qu'il pense employer (« Je l'ai mis dans un petit outre bien enflé et couvert d'une peau fine [...] »). Mais, contrairement aux autres, il engage sa vie sur la guérison, avec humour : « Ce n'est pas que je prétende vous épouser [...] et je consens de rester en esclavage à sa place [...] ». Les remèdes dont il use sont de bon sens : l'exercice (le sport) et la sobriété. Mais ces remèdes pratiques s'opposent aussi à la médecine parce qu'ils en détruisent l'utilité. En fait on reconnaît là les principes des philosophies antiques, le mode de vie spartiate, et l'opposition traditionnelle du stoïcisme à l'épicurisme que Rabelais avait repris à sa manière en proposant d'éduquer un esprit sain dans un corps sain. Zadig, par une sorte de **thérapeutique philosophique** complète (« apprenez qu'il n'y a point de basilic dans la nature [...] »), remet en cause l'hédonisme du grand seigneur qui est dangereux pour lui et ceux qui l'entourent.

Voltaire n'oublie jamais de compléter son portrait du philosophe. L'utilité de celui-ci dans la société est réelle et dans des domaines qui semblent échapper à son emprise. Mais Zadig est un personnage romanesque qui échappe aux pièges du destin par la grâce du hasard romanesque.

## CHAPITRE DIX-SEPTIÈME : « Les combats »

**RÉSUMÉ**

La lettre d'Astarté explique comment elle est revenue triomphalement à Babylone et le concours que son peuple a décidé d'organiser pour lui trouver un époux, le futur roi.

L'homme le plus vaillant et le plus sage doit être désigné au cours d'un tournoi de chevalerie et d'un concours d'énigmes, aux règles très précises, à quelques jours de distance. La reine ne doit communiquer avec aucun prétendant mais avertit Zadig. Avec son aide, il parvient à se présenter au tournoi dans une armure blanche. Les concurrents se succèdent, anonymes, d'Itobad le riche seigneur, ridicule mais plein d'orgueil, à Otame, valeureux combattant. Zadig l'emporte sur ce dernier au terme d'un duel glorieux. Mais, épuisé, Zadig s'endort et Itobad en profite pour troquer son armure verte contre l'armure blanche de Zadig, grâce à laquelle, dès l'aube, il se fait déclarer vainqueur. Armé de vert, Zadig est hué et s'éloigne encore une fois, désespéré.

## COMMENTAIRE

### Zadig persécuté par la Providence

Le tournoi est la première partie d'un concours qui vise à désigner le meilleur époux pour Astarté. Le choix d'un roi ne dépend donc plus du hasard de la naissance et de la classe sociale, même si c'est la noblesse – et la beauté – d'Astarté qui décide du titre de son époux. Ce concours a également été organisé dans le but précis de ne pas laisser la « nomination » du futur roi de Babylone à un double hasard : d'une part, il s'agit d'éviter que la « première place du monde [...] dépendît des intrigues et des cabales » ; d'autre part, comme on se méfie de l'amour que la raison ne gouverne pas, la reine est « étroitement gardée », pour qu'il n'y ait « ni faveur ni injustice ». Les règles du concours tentent de ménager les conditions les plus justes pour tous, en éprouvant à la fois le courage et la sagesse, en exigeant l'anonymat des candidats, reconnaissables à la couleur de leur armure et à leur devise.

Mais cet anonymat provoque l'erreur, et l'injustice – sinon le hasard – triomphe puisque c'est le moins vaillant et le plus bête qui est proclamé vainqueur : la déclaration d'Itobad étonne tout le monde (« On ne s'y attendait pas ») mais la reconnaissance de l'armure l'emporte sur le bon sens. Pourtant, « on s'aperçut d'abord (dès le premier abord) [...] que ce n'était pas un homme comme lui à qui le ciel réservait le sceptre de

Babylone. » Cela contredit néanmoins la conclusion des « Combats » qui est que la destinée, au contraire, semble « opprimer les bons et faire prospérer les chevaliers verts ». Les hommes ont-ils l'intention de vouloir maîtriser leur destin ? La Providence déjoue aussitôt leurs ruses.

Zadig est la **victime particulière de la destinée**. Quels que soient ses appuis ou son courage, il ne peut lutter. En fait, il n'a pas combattu tout à fait honnêtement puisque la reine l'a favorisé en lui fournissant armes et cheval, et qu'elle le soutient, pouvant le reconnaître à la couleur qu'il arbore. Zadig est pris à son propre piège : il ne peut dénoncer la tromperie portant sur l'échange des armes en prenant la reine à témoin car « [ce serait] la compromettre ». C'est pourquoi il s'endort mal à propos, comme pris d'un sommeil magique, et ne se réveille que pour subir les humiliations de la foule. Zadig en effet n'avait pas encore perdu son orgueil. Sa réaction est bizarrement la même que celle d'Itobad et s'interprète par : « Quelle aventure pour un homme comme moi ! », mais la comparaison avec Itobad la dévalorise. Il n'abandonne son orgueil qu'en échangeant l'armure verte contre « une robe et un bonnet long » bien plus modestes et anonymes. Mais cette démonstration des chemins détournés que prend la Providence s'inscrit dans le tableau pittoresque d'un tournoi de chevalerie moyenâgeux, passablement déplacé dans l'empire babylonien.

### Voltaire conteur

Voltaire s'amuse à recréer un **climat féerique** par l'emploi d'un vocabulaire spécialisé : « une grande lice, bordée d'amphithéâtres », « courir quatre lances », « celui qui resterait le dernier maître du champ serait proclamé vainqueur des jeux », « les armes », « inscrire sa devise », « les combattants parurent dans le cirque », etc., et toute la scène du combat singulier. Les tournois semblent le fasciner également par l'idéal de richesse qu'ils symbolisent : des amphithéâtres « magnifiquement ornés », un « dais de pierreries », « une armure d'or émaillée de vert », « le plus beau cheval de Perse ». Dans ce cadre, Astarté est une vraie princesse de conte : « belle princesse qui a été malheureuse », à la « première place du monde », elle est l'enjeu du concours et dans une situation fort romanesque puisqu'elle ne peut paraître que voilée.

L'art du conteur est notable aussi dans le **jeu des oppositions et des symboles** épars dans le texte. Ainsi, Itobad s'oppose à Otame, puis à Zadig dans le contraste entre le blanc, symbole de pureté, et le vert, symbole de la traîtrise ou de la lâcheté. L'optimisme d'Astarté, « au comble de la joie », s'oppose à sa déception : « surprise et le désespoir dans le cœur », « plongée dans la douleur ». Les **parallélismes** jouent le même rôle : les huées qui concluent les quatre combats d'Itobad renvoient aux huées que déchaîne l'armure verte – le terme est repris deux fois à la fin. Et Itobad et Zadig réagissent de la même façon devant l'échec. Symbolique aussi est la position de Zadig, qui arrive à plusieurs reprises en dernier : sa devise ayant été tirée au sort la dernière, il remporte donc ses quatre premiers combats le dernier ; et il arrive malheureusement le dernier pour se faire proclamer vainqueur. Enfin, le conteur recrée des personnages fixés traditionnellement : le bon chevalier et le chevalier félon que les scènes de combat rendent vivants. Le plus savoureux et le plus caricatural est certainement Itobad, moqué par ses propres domestiques, le public, les écuyers et qui perd ses combats au premier mouvement de l'adversaire.

## CHAPITRE DIX-HUITIÈME : « L'ermite »

### RÉSUMÉ

Errant sans but, Zadig rencontre un ermite fort respectable, en train de lire le livre incompréhensible des destinées, et lui jure de ne pas le quitter, quoi qu'il fasse, jusqu'à leur retour à Babylone. Accueillis avec largesse mais hauteur dans un beau château, l'ermite vole un bassin en or et pierreries. Mal reçus dans la petite maison d'un avare, l'ermite lui offre paradoxalement le bassin en affirmant à Zadig que cette leçon corrigera les défauts de leurs hôtes. Arrivés enfin à la demeure ni riche ni pauvre d'un philosophe retiré, qui se montre généreux et compatissant aux malheurs de Zadig, les compagnons discutent avec sagesse de la Providence, des passions, des plaisirs. Mais, à l'aube, par « témoignage de son estime et de son affection à son hôte », l'ermite met le feu à la maison et s'en félicite devant Zadig, scandalisé mais subjugué. Leur dernière étape les mène chez une veuve vertueuse et son jeune neveu. Celui-ci les accompagne le lendemain jusqu'à un passage dangereux au-dessus d'un torrent. Par « reconnaissance pour sa tante », l'ermite fait s'y noyer l'enfant. Il justifie ses actes devant Zadig qui l'insulte : le philosophe trouvera un trésor dans les ruines de sa maison incendiée ; l'enfant aurait plus tard assassiné sa tante et Zadig lui-même. Ce dernier, incrédule, s'aperçoit néanmoins que l'ermite se métamorphose en un ange de lumière. L'ange Jesrad est venu révéler la vérité des choses à celui qui seul le mérite. Zadig doute pourtant toujours de la nécessité des malheurs. Mais Jesrad répond que ce monde n'est pas parfait, et c'est pourquoi la Providence le gouverne ainsi ; malgré l'infinie variété des êtres, il n'y a pas de hasard. L'ange disparaît alors que Zadig s'entête à vouloir discuter. Zadig vénère enfin la Providence qui lui ordonne de retourner à Babylone.

## COMMENTAIRE

### La destruction des apparences

Le premier axe de lecture de la rencontre avec l'ermite rappelle le thème de la destruction des apparences, la perte des illusions.

Alors que, jusque-là, c'est lui qui était chargé de révéler aux autres hommes la vérité (dans « Le ministre », « Les disputes et les audiences », « L'esclavage », « Le bûcher » etc.), et qu'il était lui-même capable de « lire » ou reconstituer la vérité (« Le chien et le cheval »), ici, Zadig se montre à plusieurs reprises incapable de dépasser les simples apparences : l'hospitalité magnifique du riche seigneur lui paraît plus honorable que celle de l'avare ; il ne comprend pas le vol du bassin, malgré les explications de l'ermite ; et il est symboliquement incapable de lire le livre des destinées. Jusqu'au bout, il s'en tient à la surface des choses : le crime de l'ermite lui paraît condamnable quelle qu'en soit la cause, et il cherche des moyens qui auraient pu l'empêcher. D'ailleurs son aveuglement se manifeste métaphoriquement dans le texte puisque, d'abord, il s'aperçoit avec retard de la transformation de l'ermite en ange, et qu'ensuite son entêtement conduit l'ange à disparaître à ses yeux. En fait, comme les autres hommes, il « juge de tout sans rien connaître ».

Mais l'aveuglement de Zadig porte sur des vérités obscures, des raisonnements qui dépassent les simples humains. Seul Dieu peut lire et comprendre le livre des destinées. La science et la philosophie de Zadig ne servent pas ici (« tout instruit qu'il était en plusieurs langues ») mais il est dit qu'il est « celui de tous les hommes qui méritait le plus d'être éclairé », peut-être en raison de sa philosophie. En réalité, **Zadig est un « élu »** puisque Dieu (Orosmade) l'a envoyé auprès du pêcheur « pour changer sa destinée ». De cette manière, l'ermite reprend à un niveau supérieur le rôle de Zadig auprès des hommes, ce qui donne à celui-ci une leçon d'humilité (« Je me défie de moi-même, mais oserais-je te prier de m'éclaircir d'un doute [...] »). Il a seulement du mal à l'accepter : les « mais » répétés anaphoriquement* démontrent sa vanité de philosophe toujours prêt à disputer.

## La mécanique du conte

La transformation morale de Zadig, enfin soumis – très chrétiennement – à sa destinée, prend effet dans le conte qui offre une série d'épreuves et le merveilleux nécessaire à ce changement subit.

La forme du conte est nettement perceptible dans les quatre scènes d'hospitalité : la narration oppose en effet le riche généreux à l'avare, le philosophe à la simple veuve, et les deux premiers épisodes aux deux derniers. De même, Zadig s'oppose à l'ermite, opposition qui est suggérée par l'âge : l'ermite à la longue barbe blanche et vénérable est un « révérend père » qui s'adresse à son « jeune compagnon » en l'appelant « mon fils ». Les situations sont à peine décrites, et les personnages ébauchés par quelques adjectifs : le premier est « un homme généreux, quoique un peu fier » ; le deuxième, un « riche avare ». Les décors et certains détails sont ceux du conte : le superbe château, et la maison très petite, la pièce d'or dont on fait l'aumône aux voyageurs et le bassin d'or garni d'émeraudes et de rubis. De plus, chaque scène est conclue par une réflexion de Zadig ou de l'ermite, qui en tirent une leçon d'ailleurs opposée. Enfin, le personnage de l'ermite, guide et personnage féerique, est traditionnel : c'est le sorcier ou magicien, bon ou mauvais – et ici l'ermite joue les deux rôles.

Toute cette première partie renvoie au **conte moral** dont le XVIIIe siècle poursuivra longtemps la veine. Cela est notable par les références à la « Providence », et par le vocabulaire marqué qu'emploie d'abord l'ermite : « peut-être vous serai-je *utile* : j'ai quelquefois répandu des *sentiments de consolation dans l'âme des malheureux*. [...] L'ermite parlait de la destinée, de la justice, *de la vertu et des vices*, avec une éloquence si vive et si touchante [...] ».

Le conte est également induit par **le fantastique** qui se rattache au personnage de l'ermite. Il introduit le merveilleux dès le début du chapitre en lisant « attentivement » un livre pourtant illisible pour Zadig. Puis il attire celui-ci de façon surnaturelle, « par un charme invincible » et Zadig « ne peut s'empêcher de le suivre », car il l'entraîne « par une force supérieure », « toujours subjugué par [son] ascendant », et « malgré lui ». Le merveilleux est sensible également dans le comportement apparemment irrationnel de l'ermite qui vole le généreux et donne à l'avare, ou brûle la maison d'un homme qu'il veut remercier : Zadig se demande s'il s'agit du « plus fou ou plus sage de tous les hommes », et comment en ayant fait « des choses si extravagantes [il] pouvait raisonner si bien ». En effet, les parallélismes et les hyperboles* montrent l'incohérence de la situation : ces actions, contraires à la logique et à la sagesse de l'ermite plusieurs fois soulignées, font échapper le texte au réalisme romanesque des précédentes aventures de Zadig.

Enfin, la métamorphose de l'ermite permet à Voltaire d'introduire la scène fantastique qu'il prépare. Zadig, en écoutant l'ermite, « lui trouv[e] dans la conversation des *lumières supérieures*. » Il ressent devant ses actes une « *étrange* surprise ». Pourtant il admet aisément cette apparition : « Ô envoyé du ciel ! ô ange divin ! [...] tu es donc descendu de l'empyrée [...] ». Il ne s'étonne pas, comme dans tous les contes, de le voir perdre sa veillesse et se transformer en un ange au « corps majestueux », orné de « quatre belles ailes » et « resplendissant de lumière », ou de le voir s'envoler « vers la dixième sphère ». Cette description reprend des caractères habituels de l'ange envoyé par Dieu. Mais l'humour noir qui marque les actes de l'ange-ermite, et son agacement lorsque Zadig tente de résister à sa révélation montrent que Voltaire ne veut pas que son lecteur prenne la métamorphose pour autre chose qu'un **utile procédé de démonstration** et de narration.

## Le déisme de Voltaire

En effet, ce chapitre est caractérisé par un engagement nouveau de l'auteur et une véritable dissertation philosophique. L'objet du chapitre est, semble-t-il, de **rassembler** tous les sujets abordés jusqu'ici : « L'ermite parlait de la destinée, de la justice, de la morale, du souverain bien, de la faiblesse humaine, des vertus et des vices [...] ». Cela peut paraître ambitieux. Aussi Voltaire utilise-t-il les exemples d'hospitalité pour mettre en œuvre les réponses à ces problèmes, avant de les traiter dans le discours de l'ange qui n'en est alors que plus clair. On remarque que ces exemples aboutissent à plusieurs conclusions. Celui qui croit pratiquer la vertu comme le riche seigneur dont les invités sont reçus « avec délicatesse et profusion » n'est pourtant pas généreux. Un crime affreux peut-être présenté comme moral. Ce qui aboutit à la constatation que **le bien et le mal** sont des principes relatifs et dépendent des individus (le philosophe tirera de son malheur un grand trésor), mais que seul Dieu est apte à en juger : « les hommes [ont] tort de juger d'un tout dont ils n'aper[çoivent] que la plus petite partie. » Le bien existe mais il est d'un ordre supérieur à ce qui touche l'individu. Le « faible mortel » est un rouage destiné à faire fonctionner l'ensemble, comme Zadig utilisé pour sauver le pêcheur ; il est comparable aux feuilles des arbres.

Il faut donc que Voltaire suppose l'existence d'un **être divin** qu'il évite d'appeler Dieu mais qu'il nomme « la Divinité », « l'Être suprême » ou Orosmade. Cet être divin est tout-puissant car il dirige les hommes et l'univers tout entier, « selon les ordres immuables de [celui] qui embrasse tout ». L'univers décrit conformément à *La Théodicée* de Leibniz montre cette puissance du dieu créateur : « Il a créé *des millions de mondes* dont aucun ne peut ressembler à l'autre. » Ce dieu est juste comme on le voit par l'action de l'ange qui, volant et offrant le bassin, crée un équilibre (l'un sera moins superficiel et l'autre plus généreux). Il est également bon puisque l'ange tue le neveu de la veuve pour empêcher de plus grands malheurs de se produire, qu'il récompense à sa manière le sage philosophe, et que Zadig fut envoyé pour sauver la vie du simple pêcheur. Cette définition d'un Dieu juste et infini est traditionnelle ; elle justifie toutes les injustices apparentes par un dessein ultime : les méchants « servent à éprouver un petit nombre de justes répandus sur la terre, et il n'y a point de mal dont il ne naisse un bien » dit l'ange dont la sagesse est confirmée par la forme proverbiale des phrases faites de parallélismes et d'antithèses*.

Le déisme de Voltaire se définit en réalité autant par sa volonté de démontrer rationnellement la nécessité d'un principe divin que par sa volonté de réduire la divinité à une instance rationnelle plus importante (il n'y a pas de hasard), à une mécanique implacable (« ordres immuables »), sans donner de cette divinité une image précise et sans en faire l'objet d'un culte personnel. Zadig se soumet à son destin, se met à genoux pour « adorer la Providence » (qui est seulement signe de l'existence de Dieu), mais pas Dieu lui-même.

### Le mode de vie philosophique

Comment accéder alors à cette **rationalité supérieure** que Zadig ne peut admettre qu'en se taisant et en se prosternant, c'est-à-dire par une obéissance très passive ? Voltaire n'élude pas cette question. À défaut d'une religion, il propose **une morale et un modèle de vie, ceux du philosophe**. Dans l'épisode de l'hospitalité du philosophe, le vocabulaire et les champs lexicaux sont positifs, voire laudatifs : il « cultivait en paix la sagesse et la vertu, et cependant ne s'ennuyait pas ». Le philosophe lui-même est un personnage plus fouillé que les autres, raisonnable, modéré, poli mais compatissant, d'un noble caractère. Enfin, c'est un « homme aimable » selon les désirs de Zadig, dont il serait en quelque sorte le double s'il n'était retiré du monde et sans amour. D'ailleurs la conversation entre les trois personnages offre la description des fondements d'une vie heureuse. Les passions, « funestes » selon Zadig, sont pourtant, selon l'ermite qui use de la métaphore du vaisseau, ce qui pousse l'homme à agir et à progesser. Il semble donc que Voltaire ne propose pas encore, comme il le fera dans *Candide*, la retraite et le refus des passions comme conditions indispensables d'une vie tranquille sinon heureuse. D'ailleurs, Voltaire paraît croire aux possibilités de bonheur des hommes et du philosophe en particulier, auxquels il n'interdit pas les plaisirs, parce que Dieu les a créés comme toute chose. Le philosophe ne vit d'ailleurs pas dans la pauvreté mais dans un confort plein de simplicité (« appartement commode »). C'est pourquoi, malgré sa nouvelle sagesse, Zadig doit finalement retourner à Babylone et accomplir son destin qui n'est pas de vivre sans passions.

À travers Zadig et le philosophe, c'est lui-même qu'il propose comme modèle avec ses contradictions et ses paradoxes. Mais si l'on ne peut être heureux avec les autres – même avec un ange –, sans doute faut-il au moins tenter de rendre les autres heureux, ce qui est finalement la mission de Zadig.

## CHAPITRE DIX-NEUVIÈME : « Les énigmes »

### RÉSUMÉ

Zadig, étonné par les révélations divines, parvient presque par hasard dans Babylone, le jour de la seconde partie du concours, sans armure. Et tous ceux qui le reconnaissent souhaitent l'avoir pour roi sans oser vraiment l'espérer. Il lui est pourtant permis de répondre aux énigmes de sagesse qu'il résoud sans hésiter, ce qui l'autorise à s'expliquer. Il lance un défi à Itobad qui, aveuglé par la vanité, le relève. Malgré ses ruses, Zadig s'en débarrasse aisément et se fait reconnaître comme le vrai et définitif vainqueur, le digne époux de la reine. Il atteint enfin le bonheur et récompense chacun selon ses mérites, alors que les méchants se trouvent bien punis de ce retournement de fortune. Dans l'empire, « on bénissait Zadig, et Zadig bénissait le ciel. »

### COMMENTAIRE

**Le triomphe de Zadig**

Dans la scène finale, Zadig redevient le véritable héros. Les autres personnages ne sont que des faire-valoir, réduits à une faible présence (Astarté). C'est le nom de Zadig qui conclut le conte.

Zadig l'emporte donc finalement, mais par ses propres moyens. Il applique ici la maxime qu'il semblait avoir oubliée dans ses lamentations perpétuelles : « Aide-toi et le ciel t'aidera ». Sans être rappelé par Astarté, sans armure, défavorisé parce qu'il ne peut prouver sa participation « aux combats », **il s'impose par son seul mérite**. Ce mérite est rigoureusement décomposé : il y a d'abord sa bonne réputation due à son passé de ministre ; ensuite son intelligence et sa sagesse sont prouvées par ses réponses aux énigmes dont les deux exemples proposés sont des devinettes philosophiques ; sa défense le montre raisonnable et modeste ; puis son courage, son habileté aux armes et son honnêteté sont révélés au grand jour par son simulacre de combat contre Itobad ; enfin, les décisions qu'il prend à l'égard de ses amis témoignent de sa gratitude et de sa générosité. Toutes les vertus morales ornent le caractère de Zadig.

La **mise en valeur du protagoniste** est servie par le contrepoint que forme Itobad. La vanité et l'incapacité de celui-ci en toutes choses mettent en valeur les compétenses de son adversaire. Ainsi, par une phrase trop longue, Voltaire déprécie les prétentions d'Itobad qui « disait toujours que rien n'était plus aisé, et qu'il en serait venu à bout tout aussi facilement s'il avait voulu s'en donner la peine ». Zadig en effet se contente de donner les réponses, en prouvant ses dires par une démonstration logique fondée sur des anaphores* alternées de « rien », « il », et « tous », sur les répétitions similaires de « puisqu'il », « pour qui », « jusque », sur les parallélismes* et les antithèses* qui font de ces paroles mesurées l'oracle d'un sage. D'ailleurs ses réponses portent sur des questions éternelles, le temps et la vie, qu'il semble enfin en mesure de maîtriser, tirant la leçon de ses aventures. Sa seule faiblesse reste son amour pour Astarté, puiqu'il manque d'avoir la « tête fendue », pour avoir salué la reine au début du combat, alors que son adversaire en profite pour se jeter insidieusement sur lui. Mais il se ressaisit et triomphe « pacifiquement ».

Itobad au contraire ne peut tirer aucune leçon de son échec : il pense lâchement que son armure (« casqué, cuirassé, brassardé ») le protègera mieux que le « bonnet de nuit et la robe de chambre » – ce sont certainement ses paroles – de Zadig ; de même il part en persistant dans la même incompréhension, « toujours surpris des disgrâces qui arrivaient à un homme comme lui » (Voltaire emploie ici encore le style indirect libre). Il ne lui reste plus qu'à se retirer, mais on apprend qu'il continue de se faire appeler « monseigneur » chez lui.

### Une leçon morale et philosophique

Cette leçon qu'il faut tirer des pérégrinations du héros forme l'essentiel de la fin du texte, qui étend le triomphe et la sagesse de Zadig à l'empire entier, comme si la seule personne du souverain pouvait être garante du bonheur de tout son peuple : « L'empire jouit de la paix, de la gloire et de l'abondance ; ce fut le plus beau siècle de la terre : elle était gouvernée par la justice et l'amour. » La leçon politique du texte est très visible dans le lexique : « paix », « gloire », « abondance », « justice ». Il en va de même pour l'expression « le plus beau siècle de la terre » qui, si l'on en croit l'introduction au *Siècle de Louis XIV*, renvoie, dans l'idée de Voltaire, aux grandes civilisations, celles qui se sont distinguées par la philosophie, les sciences, les arts surtout, c'est-à-dire les époques de grand progrès pour l'humanité. C'est donc là le sens philosophique du bonheur selon Voltaire. Le **système politique idéal** qui permet d'y accéder est d'ailleurs ébauché : le roi a des conseillers qui lui viennent en aide (Cador), des hommes courageux et efficaces dans ses armées (Arbogad) ; il favorise le commerce (Sétoc et Almona), récompense les dévoués (Cador, « placé et chéri selon ses services », le petit muet) et rend la justice (le pêcheur et Orcan), sans oublier de rendre grâces à Dieu car il n'oublie pas qu'il n'est pas au-dessus de tout et de tous. Cette description se pose comme un programme réaliste par sa cohérence et sa simplicité.

Mais Voltaire célèbre également un **bonheur individuel**. Astarté est heureuse de voir que son « amant » est enfin digne d'elle. Zadig est enfin uni à Astarté mais parvient à un degré de bonheur plus incroyable, le bonheur de l'homme au pouvoir. La phrase de rythme binaire : « Zadig fut roi et fut heureux », suggère un paradoxe et contient donc une certaine ironie, reprise plus loin par : « [Cador] fut l'ami du roi, et le roi fut alors le seul monarque de la terre qui eût un ami. » Tous les autres personnages trouvent également leur place autour du couple royal, et une fonction correspondant à leur histoire et à leurs capacités : l'expression « placé et chéri », le grade « honorable » qui est offert à Arbogad avec promesse d'avancement, et le souci d'adoucir les « douleurs » des méchants (le dépit, l'envie, le ressentiment) par des cadeaux prouvent que l'intérêt et le bonheur de chacun ne sont pas subordonnés à l'intérêt général mais doivent être recherché sur le plan individuel.

Finalement ce bonheur général et particulier ne peut être conquis qu'au prix de la **sagesse**. Celui qui le démontre le plus clairement est le pêcheur, « devenu sage » selon le texte, qui se contente d'argent et refuse de reprendre sa femme. La victoire de la sagesse prend alors deux aspects opposés. D'un côté, Zadig et Astarté vénèrent enfin la Providence, sans s'interroger – il est vrai qu'ils sont heureux ; cela est répété : « La reine et lui adorèrent la Providence », « et Zadig bénissait le ciel ». D'un autre côté, l'irréductible envieux meurt de rage et de honte : il n'a plus de place dans un monde de perfection dont on a justement laissé partir l'extravagante mais dangereuse Missouf.

L'apparence de conte de fées qui est fortement marquée dans le dénouement – Zadig et Astarté se marièrent et furent très heureux – laisse transparaître une leçon morale et philosophique. Celle-ci n'a de sens, comme on le voit pour la parabole du grain de sable et du diamant, qu'en fonction des épisodes précédents et des démonstrations que Voltaire a accumulées sur le mal universel. Mais la fin optimiste de *Zadig* contraste, avec dix ans d'écart, avec le scepticisme désabusé qui clôt *Candide* : Voltaire lui-même ne se trouve qu'à une étape provisoire de sa sagesse philosophique ; il croit encore que le bonheur social est possible et ne veut pas se contenter de « cultiver son jardin ».

# Synthèse littéraire

## LE SYSTÈME DES PERSONNAGES

**Les noms**

Voltaire utilise plusieurs procédés de nomination, soit par un nom propre, soit par un qualificatif.

Certains noms ont une signification littérale. **Zadig** signifie « le juste », « le véridique » (en hébreu ou en arabe). Ce nom représente ainsi les caractéristiques principales du héros, apte à juger et à révéler la vérité. **Arimaze**, lui, désignerait dans la philosophie zoroastrique le principe du mal. Les deux noms signifiants opposent donc le bien au mal et, par le retour des personnages, le conte devient l'illustration du combat de ces deux principes fondamentaux, arbitré par la Providence. Cela explique l'importance quantitative des duels et combats singuliers dans le conte. Mais, surtout, cela éclaire la mort d'Arimaze à la fin, le seul à être vraiment puni car le mal doit être définitivement vaincu. Par ailleurs, Voltaire joue des différentes langues et nationalités pour révéler le sens de certains noms : « On l'appelait Missouf. On m'a dit depuis que ce nom signifie en langue égyptienne *la belle capricieuse*. Elle l'était en effet » (chap. 16).

La plus grande partie des noms de personnages ne semble pas signifier précisément quelque chose ; pourtant on peut remarquer qu'ils sont évocateurs. **Astarté** fait penser à astre, comme si elle attirait Zadig, brillait à ses yeux, alors que les étoiles sont souvent faussement adorées dans le texte. **Missouf** a un nom moins euphonique, qui se réfère peut-être à son ambiguïté, puisqu'elle se révèle mi-bonne, mi-mauvaise. Notons aussi que les personnages malhonnêtes ont un nom qui se termine de la même façon, à la variation près : Ar**bogad**, It**obad**. En tout cas, on peut penser que l'auteur se souvient de l'anglais lorsqu'il appelle Itobad le pire des concurrents du tournoi : n'est-il pas trop mauvais *(too bad)* ? Le jeu de mots préside de la même manière au nom de l'ami fidèle de Zadig : Cador est, selon une expression consacrée, un « cas d'or », un être exceptionnel. Remarquons que l'inverse de la loyauté, la traîtrise, est représenté par Orcan dont le nom inverse les syllabes or-ca/ca-or. Enfin, les personnages « négatifs » ont des noms aux sons consonnantiques agressifs : Mo**abdar**, Az**ora**, **Ari**maze, **Arbo**g**ad**, Ito**bad**, Or**can**, le prince d'Hy**rcan**ie. Cela peut être corroboré par la comparaison entre Azora et Almona, deux noms de trois syllabes presque homophones.

Néanmoins, les personnages rencontrés n'ont pas tous un nom. Certains sont désignés par leur fonction ou une qualité. Cette pratique s'applique même à des personnages qui ont un nom propre, et certes l'appellation seconde est parfois plus claire, plus directe. Ainsi, on trouve « l'envieux » et « l'envieuse », « le pêcheur », « l'ermite », et « l'extravagante ». On observe que « l'envieux » ou « l'extravagante », mettant en relief un vice principal, remplacent le plus souvent le nom propre et soulignent la volonté moralisante du conte. Le « pêcheur » et « l'ermite » sont des noms de « métier », de fonction, qui renvoient également à l'**intention édifiante**, même si c'est par jeu sur le mot (le pêcheur/le pécheur). Curieusement, ils ne disent que les apparences : le pêcheur ne l'est pas vraiment, il regrette son ancien métier de marchand de fromages ; l'ermite, lui, qui ne se conduit pas comme quelqu'un d'humble et d'honnête, est un ange. Cette **pratique mi-ironique du qualificatif** est relayée par les titres des chapitres qui révèlent ainsi d'autres surnoms : le borgne (chap. 1), les généreux (chap. 5), le ministre (chap. 6), la femme battue (chap. 9), le brigand (chap. 14), sans compter l'envieux, le pêcheur, l'ermite (chap. 4, 15 et 18). Cela tend à démontrer que chaque personnage est un cas d'espèce, sert à tirer une leçon.

### Les doubles

Si chaque personnage représente schématiquement une

qualité, un vice ou une situation, on peut s'étonner de voir certains d'entre eux se recouper, certaines situations se répéter. Le conte offre la possibilité de variations signifiantes. On peut classer les personnages importants en couples de ressemblances ou d'oppositions. Ainsi l'auteur souligne à plusieurs reprises qu'Astarté et Missouf se ressemblent physiquement. On peut d'ailleurs remarquer que Missouf remplace la reine : quand Zadig quitte le palais, il rencontre « la femme battue » ; quand Astarté se cache dans le temple, Missouf est ramenée par erreur à Moabdar qui en fait sa nouvelle reine ; quand le prince d'Hyrcanie choisit Astarté, celle-ci décide Missouf à la remplacer ; enfin, quand Zadig se retrouve à la tête de l'empire aux côtés de la reine, il « laiss[e] la belle capricieuse Missouf courir le monde ». Il semble ainsi que l'une exclut l'autre car, malgré leur ressemblance, elles sont exactement opposées : autant Astarté est sage et fidèle, autant Missouf est capricieuse et volage. Le même type de ressemblance/opposition se reproduit dans le **couple Azora-Almona**. L'une et l'autre caractérisent la femme mariée. L'une et l'autre accordent une certaine importance au « qu'en dira-t-on » : Azora critique l'attitude hypocrite de la jeune veuve Cosrou (chap. 2), et Almona pense que si elle ne se brûle pas elle sera perdue de réputation. Mais elles sont opposées dans leur rôle par rapport à Zadig : l'une lui couperait le nez, séduite par Cador, l'autre le sauve du bûcher, en séduisant les pontifes. Leur destinée le montre : la première est répudiée, la seconde se marie avec un honnête homme, qui plus est, riche marchand. On peut dire qu'à travers ces quatre types Voltaire **affine son portrait de la femme, moins misogyne** qu'on ne le dit parfois, tout en luttant, par la division, contre la mécanique trop réductrice du conte.

Ce type de couple et d'opposition est visible dans le **rapprochement de Moabdar et de Sétoc**. Zadig leur doit obéissance (il est le sujet du roi, et d'abord l'esclave du marchand arabe). Il en tire des conséquences bien différentes : Moabdar lui sauve la vie (affaire du poème coupé en deux, chap. 4), le récompense lors du concours des généreux (chap. 5) mais plus tard tente de le faire tuer ; Sétoc, au contraire, commence par le dédaigner en faveur de son compagnon d'esclavage, puis le distingue et en fait son ami. L'opposition se poursuit là encore jusqu'au bout. Moabdar, malheureux en amour et en mariage, est tué, alors que Sétoc, marié à « la belle Almona », vit enfin heureux, « à la tête du commerce de Babylone ». On voit comment les doubles fonctionnent pour nous montrer des **constantes à différents niveaux de la société** puisque, finalement, le bonheur de Zadig et Astarté est repris à un niveau inférieur par celui de Sétoc et Almona. Ces constantes morales sont illustrées par la **reprise de situations semblables** dans le conte. Le seigneur Ogul est évidemment un double de Moabdar. Les remèdes du premier médecin d'Ogul rappellent ceux du grand médecin Hermès de Memphis (chap. 1). Il n'est pas jusqu'au mépris du brigand Arbogad envers les femmes et la reine qui n'annonce celui du prince d'Hyrcanie envers Astarté (« Je parlai en reine, mais je fus traitée en demoiselle suivante [...], et [il] me quitta comme un homme qui vient de mettre un perroquet dans sa ménagerie », chap. 16). On pourrait continuer longtemps dans ce sens.

La reprise la plus drôle et la plus intéressante du conte est néanmoins contenue dans un épisode mineur : « Le pêcheur » (chap. 15). Ce chapitre confronte Zadig à un double à la fois tragique et burlesque : l'ancien plus grand marchand de fromages à la crème de Babylone. Les aventures de ce personnage suivent exactement celles de Zadig : il est au faîte de sa gloire et de sa fortune en même temps que Zadig est ministre ; il est ruiné par la ruine de Zadig ; il perd sa femme, comme Zadig a perdu Sémire, par la faute d'Orcan ; il est victime d'un procès coûteux comme Zadig l'a été ; il erre enfin, comme le fait Zadig, en pensant exactement comme lui être « le plus malheureux des hommes ». Cette répétition très scrupuleuse est comique parce que, pour le lecteur, les enjeux ne sont pas les mêmes ; il ne peut s'identifier à un marchand de fromages à la crème et Voltaire le suggère assez fortement par l'intrigue : la femme du pêcheur, contrairement à Astarté, lui fut infidèle et se laissa séduire par le grand seigneur et son argent (« qu'on les lui paye »). D'ailleurs, à la fin, le marchand renonce à sa femme, se contentant de la maison que Zadig lui offre, alors que ce dernier ne renonce pas à l'idéal amoureux. **Zadig est donc un héros de roman courtois et le pêcheur un héros de roman picaresque** (« j'ai tâché de subsister du métier de pêcheur [...] ; je meurs de faim »). Aidés tous deux par Cador et lésés par Orcan, ils révèlent cet autre couple à peine ébauché. Remarquons ici l'allusion à une autre paire : le pêcheur répète à Zadig que celui-ci est son « auguste consolateur », son « ange sauveur » comme si Zadig était pour lui ce que l'ermite sera pour Zadig (et, effectivement, tous deux pourront après retourner à Babylone).

### Jesrad, l'ange-ermite, et Zadig, le philosophe-chevalier

Le dédoublement fonctionnel que nous venons de décrire aboutit à la création d'un personnage particulier : celui de l'ermite qui est aussi un ange ; mais l'ange est aussi un représentant de Dieu sur terre.

L'ermite est un personnage double en lui-même parce que son attitude est équivoque, choquante mais aussi parce qu'il est une représentation – une image seulement – de Dieu (il disparaît en s'élevant vers les cieux). Seul personnage en quelque sorte « fantastique », il est le plus symbolique. Son apparence physique est d'abord celle d'un sage ; pourtant, il se comporte comme un criminel ou un fou. Puis il a toutes les caractéristiques d'un ange (la lumière, les quatre ailes), mais perd patience rapidement. Le représentant de Dieu est pour le moins paradoxal, car les vertus humaines ne sont point les vertus divines : Voltaire définit le principe divin par l'absurde ou par défaut, en ne lui accordant pas les qualités humaines.

Le personnage de Zadig est plus sympathique car il est le seul modèle réalisable pour Voltaire (Dieu est trop loin ou trop différent de nous). Lui aussi est double puisque sa légendaire sagesse et son calme sont complétés par les qualités physiques d'un guerrier hors pair. De même, sa lucidité dans les affaires d'autrui contraste avec son aveuglement dès qu'il s'agit des femmes (Sémire, Missouf...) et d'Astarté en particulier (lorsqu'il ne comprend pas qu'il tombe amoureux et qu'il refuse les conseils de Cador). Sorte de double idéal de Voltaire lui-même, Zadig met en lumière ses théories : il assure le bonheur de tous dans sa fonction de ministre sage, puis dans son rôle de souverain éclairé.

L'observation des personnages de *Zadig* permet de montrer les intentions de Voltaire pour les thèmes qui lui sont chers, les femmes, le philosophe et son action, le meilleur des systèmes politiques. Mais l'auteur n'oublie pas qu'un conte doit divertir comme le montre sa galerie de portraits.

# VOLTAIRE ET LA NARRATION

## Le problème du conte philosophique

Voltaire n'a jamais écrit de roman et s'en défendait bien ; il n'attendait d'ailleurs la gloire que du théâtre et, en 1748, il porte à la scène plusieurs tragédies et tente de faire jouer *Zaïre*. En fait, Voltaire, malgré son esprit et son art du pamphlet, semble n'avoir écrit des contes que pour répondre à une mode – que d'ailleurs il critique – et par défi mondain. Pourtant il a écrit de nombreux récits, plus ou moins longs, qui sont édités sous le titre de *Contes* de Voltaire, ou de *Romans* de Voltaire – ou de *Romans et contes* de Voltaire. Enfin, nous parlons généralement de ces récits sous l'appellation générique de « conte philosophique », qui s'appliquerait seulement aux textes de fiction de Voltaire. Il est donc légitime de s'interroger sur le statut de *Zadig* : est-ce un conte philosophique ou un roman ? Et qu'est-ce qu'un conte philosophique ?

## Les genres narratifs au XVIII^e^ siècle

Le **roman**, d'abord, obtient un grand succès auprès du public et se diversifie : le roman devient épistolaire, de forme autobiographique, mais c'est un genre de divertissement qui reste peu sérieux, immoral, et sentimental en raison de son public féminin. Selon leurs adversaires, tous les romans parlent d'amour. Par opposition au roman en tant que **narration longue**, toute une série d'appellations désignent des **fictions courtes** en prose.

Les **contes** se proposent ouvertement comme les récits d'aventures totalement imaginaires. Ils revendiquent donc le droit à l'invention sans souci de réalisme ou de vraisemblance. Les contes, d'origine orale, supposent l'existence d'un conteur, qui divertit l'auditoire en ménageant des rebondissements et un suspense ; comme les romans, ils ont beaucoup de succès. D'une part, les recueils littéraires de contes de fées sont très prisés – même des adultes – depuis la fin du XVII^e^ siècle et les ouvrages de Perrault. D'autre part, les contes orientaux des *Mille et Une Nuits* vont susciter des imitations tout au long du siècle (*Les Mille et Un Jours* par exemple).

Par opposition au conte, les **nouvelles** sont définies comme de petits romans, elles sont donc moins fantaisistes. Leur nom se réfère d'ailleurs aux nouvelles, aux faits divers que l'on rapporte dans une assemblée. Les nouvelles, plus condensées que le roman, ont pour principal intérêt leur rapidité, leur vivacité. Mais elles sont tenues pour superficielles car elles rapportent une anecdote sans l'approfondir. Renvoyant à un ton sentimental et dramatique, le terme de « nouvelle » a été utilisé à la fin du XVIIe siècle par Mme de Lafayette pour éviter celui de « roman ». La nouvelle est pourtant un genre à part, qui se caractérise par le souci d'offrir au lecteur un texte tout entier organisé en vue d'une fin surprenante.

L'**Histoire**, enfin, renvoie au récit de faits plus ou moins fictifs mais interprétés en profondeur. D'ailleurs il faut rappeler que le terme peut servir pour la prose historique (comme dans le cas de l'ouvrage de Voltaire intitulé *Le Siècle de Louis XIV*), d'autant que dans l'enseignement des jésuites – qui était le plus répandu –, seule la poésie pouvait accueillir la fiction.

## Voltaire et le roman

Pour Voltaire, les romans « font pour un certain temps l'amusement de la jeunesse frivole [et] les vrais gens de lettres les méprisent » (*Essai sur la poésie épique*, 1733). D'ailleurs, en 1748, il affirme dans sa *Correspondance* : « Je ne veux avoir rien à démêler avec les romans », et lorsque, dans une lettre d'octobre de la même année au cardinal de Bernis, il qualifie *Zadig* de « roman moral », il se reprend aussitôt en n'y voyant qu'« ouvrage de pur amusement ». Enfin, même après le succès éclatant de *Zadig*, Voltaire ne parle des romans que comme « des **productions d'esprits faibles** qui écrivent avec facilité des choses indignes d'être lues par des esprits solides », esprits « pour la plupart dénués d'imagination » (« Écrivains du siècle de Louis XIV », 1751).

En effet, l'auteur de *Candide* reproche aux romans un manque d'imagination et de naturel, ainsi que des enfantillages qui choquent son esprit brillant. Ainsi, c'est par goût du naturel que Voltaire se tourne vers le conte dans lequel les personnages parlent comme des contemporains de l'auteur et dans lequel l'humour rétablit le bon sens. Ne dit-il pas, dans l'« Approbation » de *Zadig*, que son manuscrit est « digne de plaire à ceux mêmes qui haïssent le roman » ? Pour les récits, en prose ou en vers, il affirme : « Il faut être très court et un peu salé. » La brièveté évite de tomber dans la répétition et l'ennui, et permet de trouver une unité stylistique : selon lui, « Un bon conte de deux pages est acheté par des volumes de sottises » (XXII$^{e}$ *lettre philosophique*). Pourtant Voltaire ne veut toujours pas avouer être l'auteur de ses contes.

## Le conte voltairien

Il n'est pas toujours facile de définir précisément le conte, par rapport à la nouvelle, au roman, à l'Histoire. Voltaire sous-titre d'ailleurs *Zadig* : « Histoire orientale », après *Micromégas*, dit « Histoire philosophique ». Cependant nous avons la chance d'avoir dans *Zadig* une « Approbation » et une « Épître dédicatoire ».

Le conte, tel que veut le pratiquer Voltaire, est en effet fort **différent des contes à la mode**. Même s'il évoque un contexte oriental et fait allusion aux *Mille et Une Nuits* dès l'« Approbation » et l'« Épître dédicatoire », c'est pour mieux s'en démarquer. Pour lui en effet, ces contes célèbres sont « sans raison » et « ne signifient rien ». Il les qualifie, pour les *Mille et Un Jours*, de « conversations générales » qui représentent sans doute pour Voltaire des bavardages, puisqu'elles occupent surtout les sultanes, un public féminin – et donc frivole. Ces contes ne sont d'ailleurs même pas « amusants » puisqu'ils ne touchent pas vraiment l'esprit. Au contraire, le conte voltairien, dont le modèle serait *Zadig*, est en premier lieu plein de sagesse : il remonte à la nuit des temps puisque *Zadig* est présenté comme le « livre d'un ancien sage », l'« ouvrage d'un sage » écrit d'abord en ancien chaldéen, puis traduit en arabe et donné à lire à la sultane Sheraa en l'an 837 de l'hégire, c'est-à-dire en 1433 ; il renvoie donc à un fonds de sagesse universelle éprouvée par le temps. Ce sont d'ailleurs aux savants et aux esprits philosophes que sont destinés ces contes : le censeur, savant et « homme d'esprit », l'apprécie malgré lui et le dit « moral, philosophique » ; la sultane, qui a « l'esprit très sage et le goût très fin » et raisonne mieux que de « vieux derviches à longue barbe et à bonnet pointu », a un petit fonds de philosophie qui lui permettra d'y « prendre plus de goût qu'une autre ». En définitive, Voltaire caractérise cet aspect essentiel du conte philosophique par une sorte de périphrase* : **« parler raison »**.

Cependant, le conte philosophique permet de parler raison **sans ennuyer**. Voltaire insiste particulièrement sur le terme

« amusant ». Le manuscrit est « curieux, amusant » pour celui qui le lit, mais le sage aussi eut le bonheur de « s'amuser à écrire l'histoire de Zadig » ; sa lecture « amusa le célèbre sultan Ouloug-beg » mieux que ne le firent les *Mille et Une Nuits*, pourtant « moins amusantes ». Il s'agit donc de prendre goût et plaisir au récit de ces aventures. Aussi la sagesse du conte est-elle seulement sous-entendue derrière le divertissement : le conte philosophique se définit comme un « ouvrage qui dit plus qu'il ne semble en dire » et qui, contrairement aux contes orientaux, « signifie » quelque chose. C'est pourquoi il plaît tant aux gens sérieux, au sultan Ouloug-beg et à ceux qui haïssent les divertissements. C'est pourquoi il peut également passer pour un « ouvrage détestable » auprès de la censure, dans la mesure où il est porteur d'un « message » et se prête particulièrement bien à la critique sociale.

**La structure du conte**

En premier lieu, il faut noter que, dans *Zadig*, Voltaire conserve les **procédés les plus traditionnels** du conte en tant que genre. La base de l'histoire est la même que dans la plupart des contes de fées : à partir d'une situation de départ stable et plutôt heureuse, le héros rencontre des oppositions qui entraînent sa chute ou une situation de malheur ; puis, dans une seconde partie ascendante, il franchit des obstacles qui démontrent son courage et son intelligence pour arriver à une fin plus heureuse que le départ (richesse accrue, changement de statut social, amour et mariage). C'est là un schéma constant, qu'il est facile de dégager du *Petit Poucet* ou du *Chat botté*. Or ce schéma est évidemment celui de *Zadig*. Tout commence par une formule presque magique : « Du temps du roi Moabdar, il y avait à Babylone un jeune homme nommé Zadig ». Le héros, jeune, riche, beau, protégé du roi, perd tous ces avantages au point de devenir esclave. Puis, après avoir montré en diverses occasions (le tournoi, l'ermite), qu'il était « le plus vaillant et le plus sage », il devient roi et épouse celle qu'il aime. Sans l'ironie de Voltaire, on s'attendrait à lire : « Ils se marièrent, furent heureux et eurent beaucoup d'enfants ». Cette structure en étapes est bien marquée par les méditations morales de Zadig à la fin de chque chapitre et dans la conclusion du conte.

En deuxième lieu, à l'intérieur de cette structure prédéfinie, le conte se reconnaît dans la **succession tout aussi sché-**

**matique et mécanique des événements et des personnages**. Tout va par deux dans *Zadig* : Astarté s'oppose à Missouf, Almona à Azora, Moabdar à Sétoc, Zadig à Arimaze, etc. ; le tournoi des devises rappelle le concours des généreux, le perroquet du roi qui sauve par hasard le héros rappelle que le cheval et la chienne du couple royal ont failli le perdre, la maison du riche vaniteux s'oppose à celle de l'avare, etc. La comparaison de détail permet de conclure que, comme dans un conte de fées, les événements et surtout les personnages sont caricaturaux ou convenus : il y a les bons et les méchants, et rares sont ceux qui acquièrent une réelle épaisseur (Zadig et Astarté). Ce qui le confirme, c'est l'emploi de noms génériques ou d'épithètes récurrentes : l'envieux et l'envieuse, le juste (Zadig), l'extravagante (Missouf), l'ermite, ou le prince d'Hyrcanie dont on ne saura pas le nom.

En troisième lieu, le conte est fortement connoté par un **décor et une atmosphère irréels, féeriques**. Des animaux mythiques, quoique tenus pour imaginaires par le héros, sont cherchés et étudiés avec sérieux par d'autres personnages : le griffon, le basilic. Les prêtres sont nommés mages et archimages, et l'ermite se transforme en un ange s'élevant dans les cieux. Mais on voit aussi se développer peu à peu un décor de cour et de chevalerie, avec les tournois, les combats singuliers de Zadig, le château fort du voleur Arbogad. D'ailleurs, Zadig est le parfait exemple du chevalier ou prince de conte qui sauve les personnes en danger (Missouf ou le pêcheur). Ce décor est agrémenté d'objets en or couverts de pierreries : ainsi, la coupe qui récompense le plus généreux ; le dais qui abrite la reine lors du tournoi ; la vasque que l'ermite dérobe chez le riche vaniteux. Ce luxe fait partie à la fois du conte de fées et du conte oriental, mais il fait rêver (*cf.* la grotte remplie de richesses des brigands dans *Ali Baba et les quarante voleurs*).

### La parodie du roman

Pourtant, bien entendu, *Zadig* échappe au genre du conte par son ton. Un conte traditionnel est sérieux parce que, le temps de la lecture, on doit croire à l'univers imaginaire dans lequel il nous plonge. *Zadig* est au contraire constamment **ironique**. Même le personnage principal n'est pas épargné, ce dont témoignent les conclusions qu'il tire à la fin des chapitres avec leurs énoncés absurdes (« [...] une destinée cruelle qui opprimait les bons et faisait prospérer les chevaliers verts », chap. 17), mais aussi les scènes où il est confronté aux actes surprenants de l'ermite.

Or, cette ironie, si elle est dirigée principalement contre les abus de pouvoir, la pauvreté du système judiciaire, et les fanatismes religieux, est souvent aussi plus subtile. Remarquons d'ailleurs que *Zadig* comprend deux ensembles d'épisodes de ton et de style distincts : d'une part, ceux où la critique philosophique touche à la **satire** ; d'autre part, ceux où l'histoire d'amour de Zadig et d'Astarté ainsi que toutes les histoires amoureuses qui dépendent des deux personnages atteignent souvent le niveau de la **parodie**. Voltaire se sert du conte pour se moquer du roman dont le thème classique est l'amour. Ne trouvons-nous pas, dans *Zadig*, des traces de ce que le XIX$^{e}$ siècle appellera le roman « de cape et d'épée », ou du roman historique à la Walter Scott (*Ivanhoé* par exemple) ? Sans anachronisme toutefois, *Zadig* renvoie à la fois au cycle des romans de la Table Ronde (*cf.* Chrétien de Troyes), à l'histoire de Tristan et Yseut par le trio amoureux, mais aussi à des romans comme les *Lettres persanes* de Montesquieu auquel Voltaire emprunte certaines situations.

La **parodie** est une imitation à but critique et donc caricaturale, ce dont témoignent maints épisodes de *Zadig*. Le combat pour Sémire au premier chapitre est parodique parce que Sémire n'est pas une héroïne parfaite mais aussi parce qu'il met en relief l'invraisemblance des romans dans lesquels le héros sort indemne de tous les combats : ici, Zadig, blessé, manque de devenir borgne et les conséquences sur son amour sont très réalistes. Les rapports du héros avec Astarté donnent lieu également à la parodie quand Voltaire pastiche le style sentimental. Ainsi : « Il se jeta à genoux devant Astarté, et il attacha son front à la poussière de ses pieds. La reine de Babylone le releva [...]. Elle reprenait vingt fois des discours que ses gémissements interrompaient ; elle l'interrogeait sur le hasard qui les rassemblait, et prévenait soudain ses réponses par d'autres questions » (chap. 16). Ces phrases sont pleines de clichés dans les termes et dans la gestuelle : la première image nous renvoie au début de l'« Épître dédicatoire » et à son humour. L'emphase du style romanesque est soulignée par « la reine de Babylone » puisque celle-ci n'est plus, à ce moment, qu'une esclave. Enfin, le résumé de l'attitude d'Astarté nous rappelle la longueur excessive des duos amoureux dans les romans sentimentaux, et surtout dans la scène stéréotypée des retrouvailles.

Or, dans *Zadig*, la parodie n'est pas aussi aboutie que dans *Candide*. La raison en est qu'elle est trop précise, trop parfaite et tombe dans le **paradoxe de l'imitation** : en parodiant le roman, Voltaire fait encore du roman et il le sait, lui qui appelait *Zadig* un « roman moral ». Astarté est une héroïne de roman qui nous est montrée tombant amoureuse à son insu au chapitre 8. La réunion et la séparation des amants forment les péripéties de tout bon roman. Le tableau du petit muet dessinant soigneusement le rébus du meurtre, la nuit, est tout à fait romanesque, au sens commun du terme. Quant à Zadig, il est un héros sensible, qui pleure et s'évanouit à plusieurs reprises, comme on les aime au XVIIIe siècle. Il est clair que Voltaire cherche à plaire au public mondain des romans, ce que prouve le pathétique non feint de certaines scènes : le chapitre 16 est émouvant non seulement par l'expression d'un idéal amoureux mais aussi dans le détail, quand Zadig voit peu à peu s'inscrire son nom sur le sable. En fait, c'est particulièrement le pastiche du style romanesque, en tant qu'imitation précise, qui montre la tentation du roman subie par Voltaire : « Alors Astarté et Zadig se dirent tout ce que des sentiments longtemps retenus, tout ce que leurs malheurs et leurs amours pouvaient inspirer aux cœurs les plus nobles et les plus passionnés, et les génies qui président à l'amour portèrent les paroles jusqu'à la sphère de Vénus » (chap. 16).

*Zadig*, qui fait partie des premiers contes de Voltaire, hésite donc entre conte de fées et roman, en passant par la satire et des scènes de pure comédie. Mais c'est déjà une réussite : sans se disperser, il montre en définitive les grandes possibilités du conte philosophique qui joue toujours sur plusieurs niveaux.

## L'EXOTISME ORIENTAL

### L'Orient du XVIIIe siècle

L'« Orient » est donc d'abord un terme **vague et indéterminé**. Souvent cette notion se réduit au « Levant », c'est-à-dire à l'Empire ottoman (turc), très puissant jusqu'au XVIIe siècle et avec lequel Louis XIV avait établi des relations diplomatiques. Cependant, sous cette dénomination géographique, les esprits du temps rassemblent des contrées aussi différentes que les pays musulmans, l'Inde ou l'Extrême-Orient, déjà en partie confondues dans les *Mille et Une Nuits*. En effet, l'Orient représente surtout une **fascination**, perceptible dans l'imaginaire de la littérature romanesque des Lumières. L'intérêt suscité par le *Livre des merveilles* de Marco Polo au XIIIe siècle, est relancé par la traduction des *Mille et Une Nuits* par A. Galland, publiée de 1704 à 1717 : ces contes qui rendent populaires les personnages de Schéhérazade, Sinbad le Marin, Ali Baba[1], Aladin, imposent un Orient de rêve, d'**exotisme** mais aussi d'**érotisme**.

Ainsi, dans les *Lettres persanes* (1721) de Montesquieu, deux Persans visitent l'Europe et la France alors qu'en Perse, dans le harem, la favorite Roxane tente de se rebeller contre le maître absent : la critique philosophique alterne, par le jeu du roman épistolaire, avec le romanesque. Le cadre oriental permet en effet d'écrire des romans érotiques à succès tels que *Les Bijoux indiscrets* de Diderot ou *Le Sopha* de Crébillon fils, aussi bien que de violents pamphlets politiques comme l'article de Diderot intitulé « Dangereux fainéants » dans l'*Encyclopédie*, ou « De l'horrible danger de la lecture » de Voltaire.

L'Orient tel qu'il est vu en Occident au XVIIIe puis au XIXe siècle est associé à des **stéréotypes** bien utiles.

On retient de la culture orientale deux faits principaux : **le fanatisme religieux et le despotisme politique**, lesquels renvoient au combat des philosophes des Lumières en France, en particulier à celui de Voltaire. Aussi Voltaire a-t-il souvent utilisé ces images : par exemple, *Candide* se termine en Turquie, où la barbarie des coutumes politiques s'oppose à la sagesse du vieillard qui ne s'occupe que de ses affaires privées. Tyrannie et cruauté, désordre et violence se remarquent dans l'arbitraire de Moabdar auquel Zadig n'échappe à plusieurs reprises que par miracle. Ce fait est complété par la corruption des institutions que décrit comme naturelle le chef des brigands Arbogad et par l'esclavage dans lequel tombe le héros. Par ailleurs, le fanatisme religieux est un thème récur-

**1.** Les aventures de Sinbad et celles d'Ali Baba n'en font pourtant pas partie.

rent dans *Zadig* : les disputes sur la manière d'entrer d'un pied ou de l'autre dans les mosquées, la cérémonie du bûcher, etc., ne font que confirmer la victoire du bon sens.

### Exotisme et pittoresque

Pourtant, dans *Zadig* comme dans d'autres contes de Voltaire, l'Orient est avant tout l'expression du merveilleux, élément important du plaisir de la lecture, et par lequel est recherché le **dépaysement** que souhaitent les amateurs du romanesque. Voltaire souligne ainsi le chatoiement d'un mode de vie, par des décors raffinés saturés de parfums.

Pourtant la description de Babylone ou des contrées traversées est inexistante. Les seuls éléments descriptifs sont les noms, comme celui du héros, de l'envieux, connotant la langue arabe et renvoyant aux *Mille et Une Nuits*. Voltaire agence son décor avec humour, sans y attacher d'importance. Son conte décrit au plus une **terre d'excès et de prodiges où l'improbable doit être accepté** : cela justifie, malgré le rationalisme du héros, l'apparition de l'ange Jesrad. L'épisode de la quête du basilic et celui du griffon sont typiques du merveilleux du conte oriental. Mais *Zadig* renvoie également à un Orient **voluptueux**, au centre duquel se trouve la femme : Astarté, Sémire, Azora, l'Égyptienne et Almona, toutes tentent de séduire le héros. Les allusions à la sensualité des prêtres (chap. 4 et 13) sont fréquentes. Les scènes de séduction comme le « strip-tease » d'Almona devant les prêtres ou les « audiences » font du conte un divertissement pour adultes avertis. Voltaire ne manque pas, par le sofa rose qu'Almona évoque pour tenter les pontifes, de rejoindre une littérature érotique célèbre (*Le Sopha*, recueil de nouvelles de Crébillon fils). Mais c'est également une provocation à l'égard de la censure.

Enfin, l'Orient c'est **le faste et le luxe indolent**, représentés par les fêtes, les tournois, la petite chienne de la reine et le cheval du roi qui préoccupent tant de serviteurs. Ce luxe est incarné par le héros lui-même qui, au début, est fort riche. Mais il est également visible dans le prix qui couronne les plus généreux ou, de façon plus humoristique, dans le prix des six cents fromages du pauvre pêcheur. Une raison de cette richesse est suggérée par Voltaire au chapitre 12 (« Le souper ») : la réunion de marchands montre que l'Arabie tire grand profit d'être située au croisement de nombreuses routes commerciales.

### La fonction de l'exotisme dans *Zadig*

Cependant, cet exotisme est réduit à de simples clichés. Voltaire ne s'embarrasse pas de cohérence dans les indications géographiques (*cf.* les promenades au bord de l'Euphrate). Bien que Voltaire ait pu lire quelques relations de voyage contemporaines, l'Orient dans lequel se promène Zadig est surtout un décor agréable **sans référence véritable à une autre culture** : Zadig n'est pas un Oriental mais un contemporain, voire le représentant de Voltaire ; Sémire et Azora forment d'assez exactes images de « Parisiennes », élégantes mais légères, et les disputes religieuses ressemblent fort à celles que Voltaire décrit, dans le *Traité sur la tolérance* (la « Prière à Dieu »).

Le luxe et l'érotisme parfois sous-entendu rappellent ainsi la période de la Régence qui, par réaction contre les dernières années du règne de Louis XIV dominées par l'influence austère de Mme de Maintenon, libère les mœurs : les lecteurs, avides de plaisirs élégants, cherchent dans les contes un Orient savant dans la science de la volupté, sans grossièreté. D'ailleurs, le simple fait de poser un cadre oriental suffit à avertir le lecteur des situations scabreuses qui ne manqueront pas de s'offrir s'il est attentif aux clins d'œil complices de l'auteur : dans *Zadig*, la scène où le héros convainc Almona de ne pas se jeter sur le bûcher est une scène de séduction au même titre que celle où la femme d'Arimaze feint de perdre sa jarretière. Mais cet érotisme oriental renforce la satire sociale de l'époque : les allusions galantes qui divertissent le lecteur servent paradoxalement à railler les mœurs dissolues des Parisiens – dont la critique ne cessera d'être faite, sous d'autres formes, jusque dans *Les Liaisons dangereuses* de Choderlos de Laclos. Ainsi **le libertinage de mœurs est-il lié au libertinage de pensée**. Les voluptés orientales ne font qu'embellir et adoucir certaines perfidies.

Enfin, le décor oriental et l'exotisme justifient sans doute la forme littéraire du conte. D'autant plus que celui-ci, forme ludique que Voltaire prenait lui-même apparemment peu au sérieux, vise à divertir le lecteur ou l'auditeur, à le faire rêver et que l'Orient a, dans notre culture, cette fonction onirique.

# Lexique

## VOCABULAIRE PHILOSOPHIQUE

**anthropocentrisme :** théorie faisant de l'être humain le centre du monde et considérant que tout se rapporte à lui.

**anthropomorphisme :** tendance à attribuer à tout ce qui n'est pas l'homme (dieux, animaux, choses...) la forme, les gestes, les sentiments, les passions et les idées de l'homme.

**déisme :** position de ceux qui admettent l'existence d'une divinité, sans accepter de religion ou de dogme. L'**athéisme** est plus restrictif puisqu'il nie l'existence d'une divinité particulière. Il est souvent confondu avec l'incroyance et le matérialisme.

**despotisme :** le despotisme désigne un pouvoir absolu, arbitraire, tyrannique et aux mains d'un seul individu. Le **despotisme éclairé** est la doctrine politique des philosophes du XVIIIe siècle selon laquelle le souverain doit gouverner selon la raison et aidé de conseillers philosophes.

**philosophe (Lumières) :** à l'époque de Voltaire, personne qui s'adonne à l'étude rationnelle de la nature et de la morale. Le philosophe devient un « sage » quand lui-même met en pratique ses principes. Dans un sens plus précis, c'est, pour le *Robert*, la « personne qui, par le culte de la raison appliquée aux sciences de la nature et de l'homme, par l'honnêteté morale au service de l'humanité, cherche à répandre le libre examen et les lumières ». Les **lumières** sont celles de la raison, c'est pourquoi on parle de philosophe ou de siècle des Lumières.

**relativisme :** théorie selon laquelle Dieu n'est pas absolu, chaque chose dépendant de l'idée qu'on s'en fait et ce qui paraît vrai à un homme ne l'étant pas forcément pour un autre.

## VOCABULAIRE CRITIQUE

**antithèse :** figure qui consiste à rapprocher deux mots ou groupes de mots aux significations opposées et qui repose souvent sur un parallélisme.

**conte philosophique :** récit d'aventures imaginaires destiné à distraire mais écrit aussi dans un but de satire et de critique sociale.

**gradation :** ordre dans la succession des termes d'une énumération qui fait passer du plus faible au plus fort (gradation croissante) ou du plus fort au plus faible (gradation décroissante), pour signifier une intensité.

**hyperbole :** figure qui consiste à souligner une idée en l'exprimant de façon exagérément forte.

**ironie :** figure de pensée qui exige l'attention et la participation du lecteur. En effet, elle consiste à dire le contraire de ce que l'on veut laisser entendre, ce qui en fait un outil précieux dans l'argumentation critique. La signification sous-entendue mais véritable n'est décelable que dans un décalage entre ce qui est dit et la situation, décalage qui est souvent la source d'un effet comique. L'ironie utilise donc l'absurde et l'inadéquat, l'**antiphrase**, l'exagération et l'opposition. On peut dire que, dans les *Contes*, l'ironie est la principale caractéristique du style de Voltaire.

**parallélisme** (de construction) **:** sorte de répétition d'un mot ou d'un groupe de mots mais avec une variation d'ordre souvent lexical.

**parodie :** imitation d'une œuvre avec une intention satirique. La parodie reste ambiguë dans le procédé même de l'imitation.

**périphrase :** figure de style qui consiste à désigner par un groupe de mots ce qu'on pourrait exprimer par un seul.

**redondance :** développements, ornements, répétitions inutiles dans un discours.

# Quelques citations

**La condamnation de la métaphysique**

« Micromégas leur promit de leur faire un beau livre de philosophie, écrit fort menu pour leur usage, et que dans ce livre ils verraient le bout des choses. Effectivement il leur donna ce volume avant son départ : on le porta à Paris, à l'Académie des Sciences, mais, quand le vieux secrétaire l'eut ouvert, il ne vit rien qu'un livre tout blanc. » (*Micromégas*, 7.)

**Le conte**

« [...] curieux, amusant, moral, philosophique, digne de plaire à ceux-là mêmes qui haïssent les romans ». (*Zadig*, « Approbation ».)

**Le bon style**

« L'envieux et sa femme prétendirent que dans son discours il n'y avait pas assez de figures, qu'il n'avait pas assez fait danser les montagnes et les collines. "Il est sec et sans génie, disaient-ils ; on ne voit chez lui ni la mer s'enfuir, ni les étoiles tomber, ni le soleil se fondre comme de la cire : il n'a point le bon style oriental." Zadig se contentait d'avoir le style de la raison. » (*Zadig*, 7.)

**La société**

« Si j'eusse été méchant comme tant d'autres, je serais heureux comme eux. » (*Zadig*, 8.)

**L'homme et l'univers**

« Il admirait ces vastes globes de lumière qui ne paraissent que de faibles étincelles à nos yeux, tandis que la terre, qui n'est en effet qu'un point imperceptible dans la nature, paraît à notre cupidité quelque chose de si grand et de si noble. Il se figurait alors les hommes tels qu'ils sont en effet, des insectes se dévorant les uns les autres sur un petit atome de boue. Cette image vraie semblait anéantir ses malheurs, en lui retraçant le néant de son être et celui de Babylone. » (*Zadig*, 9.)

**Être esclave**

« [...] et pourquoi ne le serais-je pas comme un autre, puisque je suis un homme comme un autre ? » (*Zadig*, 10.)

**Le philosophe**

« Le maître était un philosophe retiré du monde, qui cultivait en paix la sagesse et la vertu, et qui cependant ne s'ennuyait pas ». (*Zadig*, 18.)

# Jugements critiques

**Le combat des Lumières**

Lors d'un discours officiel pour le 30 mai 1878, premier centenaire de la mort de Voltaire, Victor Hugo affirmait :

« Démasquer l'imposture, terrasser les tyrannies, les usurpations, les préjugés, les mensonges, les superstitions [...], attaquer la magistrature féroce, attaquer le sacerdoce sanguinaire, [...], lutter pour les persécutés et les opprimés ; c'était la guerre de Jésus-Christ ; et quel est l'homme qui fait cette guerre ? c'est Voltaire. »

**Une conception déchristianisée de l'homme**

« Voltaire dégage de la cosmologie newtonienne une conception déchristianisée de l'homme : comment concevoir, s'il n'est plus le centre géométrique de l'univers, que Dieu lui ait envoyé son fils unique pour le sauver, pour le racheter du péché originel ? Plus qu'un raisonnement dont la rigueur n'est pas certaine, c'est une impression que va communiquer Micromégas, l'impression que l'harmonie du monde se passe des explications chrétiennes, et que l'homme vaut mieux quand il s'en détache. »

Sylvain MÉNANT, *Voltaire, Contes en vers et en prose*, I, p. 62.

# Index thématique

(Les thèmes orientaux du hasard et de la destinée sont présents dans tous les chapitres.)

# Sujets de travaux

## DISSERTATION

Que pensez-vous de cette affirmation de Taine (auteur du XIXe siècle), selon lequel, en relisant le XVIIIe siècle, « sous les moqueries légères, on trouve les idées profondes ; sous l'ironie perpétuelle, on trouve la générosité habituelle ; sous les ruines visibles, on trouve des bâtisses inaperçues. »

### Plan

Les *Contes* de Voltaire sont-ils de simples œuvres de divertissement ? Leur portée philosophique l'emporte-t-elle toujours sur le plaisir ? On peut en effet se poser la question de la richesse d'une littérature de divertissement que Voltaire lui-même disait dédaigner. Et, plus largement, le XVIIIe siècle, siècle dit « des Lumières », siècle spirituel, fut-il superficiel ?

### 1. L'usage de l'ironie

#### a. Les origines de la moquerie et de l'ironie

– Le XVIIe siècle est pour nous celui des salons. Prolongeant l'habitude du siècle précédent, Mme du Deffand, Mlle de Lespinasse, et bien d'autres, accueillent chez elles des écrivains, des savants, des mondains, toute une société libre et raffinée qui apprécie le brillant de la conversation et l'esprit caustique. Cette société se préoccupe de sujets futiles ou profonds. Ce qui est de la dernière mode fait ainsi fureur comme le montrent à plusieurs reprises les *Lettres persanes* de Montesquieu. Le luxe est célébré comme une marque de progrès social par Voltaire dans *Le Mondain*. L'art de la galanterie et le libertinage se déploient dans ce cadre, trouvent une extension dans les correspondances réelles ou fictives, et donnent naissance au « marivaudage » (terme formé à partir des relations décrites dans les comédies et les romans de Marivaux). La vogue des cafés, comme le café Procope, démontre ce goût de la conversation (*cf.* *Le Neveu de Rameau*, de Diderot).

– Le badinage est donc le ton du siècle, propre à produire pamphlets et épigrammes. Le style brillant multiplie les allusions, les sous-entendus. En effet, c'est la société élégante des salons et de la cour qui est la première lectrice des œuvres publiées anonymement : tout le monde connaît l'auteur réel et s'amuse à reconnaître les personnages, les situations travesties et critiquées. Ainsi, Voltaire construit en partie le succès de ses *Contes* sur des satires d'actualité ; c'est le système des « clés » qui permet au lecteur de reconnaître Boyer dans l'archimage Yebor *(Zadig)*. Ceci provoquera la création d'un personnage modèle de la critique biaisée : le Figaro de Beaumarchais.

**b. La satire des dogmes sociaux**

– La moquerie et l'ironie sont donc la marque des Lumières mais ne s'en tiennent pas à une fonction de divertissement. Les écrivains philosophes, Montesquieu, Diderot, et surtout Voltaire, savent que le rire a une certaine profondeur. La satire leur permet à la fois de déjouer la censure et de s'attaquer à toutes les injustices. Car le rire a des vertus corrosives qui détruisent tout discours apparemment raisonnable comme le montrent, sur le même thème de l'esclavage, les textes célèbres de *L'Esprit des lois* de Montesquieu et de *Candide*.

– En réalité, les écrivains des Lumières remettent en cause tout l'héritage du classicisme, ses règles, ses dogmes, ses lois morales et son culte de la clarté et de la raison. C'est pourquoi la littérature philosophique s'attaque à la foi et à l'autorité dans des débats sur Dieu et le roi, dont l'*Encyclopédie* témoigne (*cf.* l'article de Diderot intitulé « Sarrasins ou Arabes »).

– Rien n'est donc figé pour les Lumières car l'idéal de progrès l'emporte. D'une part, on remet en cause les lois morales en les confrontant avec l'expérience pratique, méthode dont Zadig démontre à plusieurs reprises qu'elle est efficace ; les points de vue doivent changer comme l'indique *Micromégas*, tout devient relatif. D'autre part, la civilisation progresse par les sciences et les arts, et c'est ce que l'entreprise encyclopédique doit illustrer, même si Rousseau conteste de plus en plus la validité de cette thèse.

**c. Pourtant méconnaissance de l'individu**

– Le rejet des théories classiques, bien que la tragédie soit encore théoriquement le plus grand des genres, amène les philosophes des Lumières à négliger l'étude psychologique et morale de l'homme. Sans doute peut-on y voir la raison pour laquelle bien des héros des ouvrages du XVIII^e siècle sont schématiques, sans âme. C'est la critique que l'on fait souvent aux héros de Voltaire mais celle-ci concerne avant tout *Candide*. Les personnages des contes philosophiques sont des prétextes, des porte-parole de l'auteur. Ils témoignent d'un certain regard sur le monde.

– Cela se comprend d'autant mieux que les écrivains du XVIII^e siècle se pensent comme étant au service du groupe, de la société. Ils s'intéressent aux peuples, aux civilisations, à l'Histoire. Leur lutte contre l'injustice est générale et, de ce point de vue, ils conservent paradoxalement les marques de la culture classique qui rejette toute expression personnelle.

– Cependant on aboutit alors à une impasse : le travail de sape entrepris n'aboutit à rien de constructif. Détruire les stéréotypes n'offre pas souvent de solution valable ou valide. C'est ce que l'on fait parfois remarquer à propos de la fin de *Candide* où la perte des illusions ne parvient pas à offrir un modèle de remplacement, même simplement réaliste.

On peut donc se demander si cette littérature critique qui se fonde sur une ironie destructrice, n'en reste pas à un stade encore superficiel. L'individu peut-il y trouver une vraie leçon de philosophie et de morale positive ?

## 2. Une littérature « édifiante »

### a. Une littérature morale

– La morale des Lumières existe pourtant bien, profondément humanisée et pratique. Les sages sont nombreux dans les contes de Voltaire, sages de profession ou sages « naturels » comme le vieillard turc entouré de sa famille dans le dernier chapitre de *Candide*. Ils proposent souvent une sagesse positive, une vertu qui ne nécessite pas la religion. De plus, ils se fondent souvent sur une connaissance pratique de l'homme et de ses limites, ce que prouve par les faits l'ange Jesrad, faux ermite, à Zadig stupéfait. Par ailleurs, cette sagesse, les *Lettres philosophiques* de Voltaire, où l'on rencontre des marchands anglais pleins de bon sens, des bons quakers, etc., la montrent à l'œuvre dans le réel.

– La morale des Lumières se définit seulement par la volonté de réaliser les possibilités de l'être humain, qui a sa place dans le monde mais pas davantage. Aussi les philosophes, quand ils abordent la question religieuse, dressent-ils le tableau d'une religion naturelle, débarrassée des fanatismes dus aux hommes. Voltaire s'engage particulièrement dans la voie d'un déisme ambigu (les noms varient) mais tolérant. La scène du souper dans *Zadig* montre ses conceptions à un moment donné : Dieu assure en dernier lieu l'ordre moral et une explication ultime sur les origines et le fonctionnement de l'univers (la Providence).

**b. Une véritable révolution intellectuelle**

– La conception du monde est engagée par la réflexion sur les religions et sur l'instance divine mais elle est aussi renouvelée par l'intérêt pour les sciences et les techniques. On célèbre Newton. Des solutions vérifiables sont trouvées pour les problèmes à l'aide d'expériences. L'esprit rationaliste des Lumières est donc un esprit critique ici positif, qui, dans le culte du fait, cherche à établir des lois scientifiques : le personnage de Zadig, apte à déduire et à expliquer ses déductions, est l'archétype du philosophe savant, au rationalisme impitoyable. Diderot affirme d'ailleurs dans l'*Encyclopédie* (article « Philosophe ») : « Le philosophe forme ses principes sur une infinité d'observations particulières ».

– Cette curiosité toujours en éveil, cette passion de la vérité, provoque, selon une expression célèbre, une « crise de la conscience européenne ». Car l'esprit critique, loin de nier définitivement les dogmes, cherche à leur donner une justification rationnelle, à les fonder plus solidement. On part à la découverte de principes mais dans un but précis : construire une société plus juste, car plus adaptée à la nature humaine. C'est pourquoi Montesquieu entreprend *L'Esprit des lois* et imagine la célèbre « théorie des climats », pour expliquer la relativité et les différences des systèmes politiques. Le but est donc de trouver les principes qui assureraient le bonheur collectif et, partant, le bonheur individuel comme dans l'Eldorado.

**c. Une littérature engagée**

– L'engagement des écrivains des Lumières est donc réel. Ce n'est pas une pose littéraire ou une justification sociale puisque c'est une véritable philosophie qui l'explique. Une première étape est nécessaire pour sensibiliser le public et les responsables (thème du despote éclairé) : l'esprit critique révèle les faiblesses et les absurdités des institutions, préparant la ruine d'un système politique – celui de la monarchie absolue – et élaborant les fondements des démocraties modernes. L'économie politique est même évoquée par Voltaire qui ne cesse de célèbrer marchands et commerçants.

– Ainsi la recherche d'une politique, d'une morale, d'une religion nouvelles entraînent de faire la guerre à l'ignorance, aux superstitions, aux préjugés, au fanatisme. Le système judiciaire est particulièrement remis en cause et l'on tente d'imaginer des lois justes pour tous. On défend également les juifs, les protestants, les libertins, les esclaves. Mais cela suppose une liberté d'opinion et d'expression encore inconnue à l'époque, d'où il s'ensuit que l'engagement de ces intellectuels n'est pas que théorique, ce que prouvent leurs séjours en prison ou en exil. Mais pour Voltaire : « Le but de la vie humaine, c'est l'action ».

– Les philosophes des Lumières ne sont donc pas des théoriciens mais des hommes pratiques, qui ont une utilité sociale et dont la pensée dépasse largement les cercles restreints d'initiés qu'ils fréquentent. C'est en cela que l'écrivain des Lumières est plus qu'un homme de lettres : il s'agit d'un « honnête homme » qui veut à la fois « plaire et se rendre utile » (Diderot).

En conclusion, on peut dire que les *Contes* de Voltaire sont certainement représentatifs des Lumières à la fois par leur style et par leur contenu. C'est pourquoi la postérité les a retenus plutôt que les tragédies dont Voltaire comptait tirer sa gloire. Malgré ses contradictions et ses illusions, la conquête du bonheur universel que le XVIII$^{e}$ siècle recherche à travers la diffusion des Lumières, engendre une littérature généreuse et profonde, sous des dehors divertissants toujours actuels.

## SUJETS D'EXPOSÉS

– Les femmes dans *Zadig*, ou dans les *Contes* de Voltaire.

– Le portrait du philosophe dans *Zadig*.

– Voltaire et Dieu : la conception du déisme.

ANNEXES

# Bibliographie essentielle


## Édition des *Contes*

*Romans et Contes*, éd. GF-Flammarion, 1 volume, Paris, 1966.

*Romans et Contes*, éd. F. Deloffre et J. Van den Heudel, « Folio », Gallimard, 1976.

*Romans et Contes*, éd. F. Deloffre et J. Van den Heudel, « Bibliothèque de la Pléiade », Gallimard, Paris, 1979.

*Contes en vers et en prose*, Classiques Garnier, 2 volumes, Paris, 1992-1993.

## Études

D. J. ADAMS, *La femme dans les contes et les romans de Voltaire*, Nizet, Paris, 1994

Françoise BARGUILLET, *Le roman au XVIIIe siècle*, PUF, Paris, 1981.

J. GOLDZINK, *Voltaire*, Hachette, Paris, 1995.



*Aubin Imprimeur*
LIGUGÉ, POITIERS

Achevé d'imprimer en août 1995
N° d'édition 10029453 (I) 3 OSBV 80°
N° d'impression L 49692
Dépôt légal août 1995 / Imprimé en France